实用主义与美国思想文化译丛

丛书主编　陈亚军

Articulating Reasons
An Introduction to Inferentialism
Robert B. Brandom

阐明理由：推论主义导论

[美] 罗伯特·B. 布兰顿　著

陈亚军　译

復旦大學 出版社

国家出版基金
上海市新闻出版专项资金
复旦大学哲学学院
复旦大学杜威中心
资助出版

作者介绍

罗伯特·B. 布兰顿（Robert B. Brandom，1950— ），当代美国哲学界最杰出的哲学家之一，具有广泛而深刻的国际影响，受到哈贝马斯、罗蒂等著名哲学家极其高度的评价。他是实用主义的最新代表人物，也是分析哲学最重要的代表人物之一。目前是美国匹兹堡大学哲学系的杰出教授(distinguished professor)，美国文理学院院士，梅隆奖获得者。著有《多种视角下谈实用主义》《逝去的伟人》《说与做之间》《哲学中的理性》《使之清晰》《阐明理由》《从表象主义到表达主义》等。

译者介绍

陈亚军（1960— ），哲学博士，浙江大学哲学系教授，复旦大学杜威中心主任。研究领域为英美哲学、实用主义。主持有关实用主义研究的国家社科基金项目四项，目前正主持国家社科基金重大课题："实用主义研究"（首席专家）；曾入选"哈佛燕京学者""富布莱特学者""弗里曼学者"等基金项目。

著有《哲学的改造》《实用主义：从皮尔士到普特南》《从分析哲学走向实用主义——普特南哲学研究》《形而上学与社会希望——罗蒂哲学研究》《超越经验主义与理性主义——实用主义的叙事转换与效应》《实用主义研究自选集》《匹兹堡问学录——围绕〈使之清晰〉与布兰顿的对谈》等。

内容提要

1994年，布兰顿的哲学巨著《使之清晰》问世。这是一部受到学界高度赞赏的经典著作，哈贝马斯称其为"里程碑"式的著作，将它与罗尔斯的《正义论》相提并论，罗蒂认为它是英美哲学五十年来的总结。但这部著作也极其晦涩难懂。2000年，为了帮助读者理解《使之清晰》一书，作为对《使之清晰》的导论，布兰顿出版了《阐明理由：推论主义导论》（*Articulating Reasons: An Introduction to Inferentialism*）一书。该书对《使之清晰》的内容和复杂结构做了更加简练而清楚的阐释，有助于读者对布兰顿整个哲学思想的脉络及内涵的深入理解。

全书由"导言"和六章构成，集中讨论了"语义推论主义和逻辑表达主义""行动、规范及实践推理""可靠主义的洞见与盲点""什么是单称词，以及为什么存在单称词？""从推论到表象的社会路径"以及"客观性与合理性的规范精致结构"等内容。这些内容涉及语义学、语用学、社会实践、交往理性、表象与世界等当代哲学争论的重要话题。

布兰顿将分析哲学的语义学和实用主义的社会实践等结合在一起，将康德、黑格尔为代表的德国古典哲学传统与当代英美哲学的主要关注结合在一起，为这些讨论提供了一种独特的带有原创性的视角，同时也为读者对当代实用主义和分析哲学的发展与融合提供了一个考察的进路。

总 序

陈亚军

二十世纪七十年代以来,实用主义在西方思想学术界强劲复活,引起人们的广泛重视。它的影响正越过学院的围墙,深入到美国社会、文化的各个层面。实用主义和美国思想文化互为表里,形成了紧密的关联与互动,以至于要了解当今的美国思想文化之精髓,不能不了解实用主义;反过来,要理解实用主义,也不能不研究美国思想文化。

研究的第一要事是翻译。没有对研究对象的全面系统的翻译,深入的研究便是一句空话。说得更加极端一些,翻译本身就是研究的一部分。套用康德的话说:"没有翻译的研究是空洞的,没有研究的翻译是盲目的。"出于这一考虑,在主持"实用主义与美国思想文化研究"系列丛书的同时,我们也主持翻译了这套译丛。希望二者可以相互支撑,形成互补。

多年来,我国学术界对于实用主义尤其是古典实用主义经典的移译取得了令人瞩目的成就。新近《杜威全集》(38卷)中文版的问世,是这些成就最为醒目的标志。然而,我们也应该看到,相对而言,在实用主义的庞大家族中,我们对于皮尔士、罗伊斯、米德、席勒这些实用主义者的重视还远远不够,对于过渡期的实用主义者如刘易斯、莫里斯等人还缺少关注,对于新实用主义者的最近成果的追踪也不够及时,而对于相关的实用主义与美国思想文化的相互影响,更是难见一瞥。所有这些不足,都是本译丛立志要改变的。

本丛书的译者多是相关领域的专家学者、青年才俊。我们会尽自己的最大努力,为读者提供可靠的优秀翻译成果。但翻译从来就是一项艰苦的事业,由于能力水平的局限,出现错误是可以想见的,我们将努力减少错误,同时也衷心期待来自各位方家的批评指正。学术乃天下之公器,对此,学术共同体的每一个成员都责无旁贷。

  最后,我要衷心感谢复旦大学出版社和复旦大学哲学学院,感谢你们对于本丛书的大力支持!

献给我的妻子芭芭拉，你多年来的悉心支持和耐心宽容，对于我来说，其意义难以言表。

鸣　谢

　　作为本书基础的那些讲座，是在许多听众响应的影响下逐步形成的。近年来，针对听众的这些响应，我已经有过不同的回应。可能在不同的地方，我已经对这些听众的特殊贡献表达了谢意，但是所有与我一同思考这些问题的那些聪颖的人们所累积的效果——以及我因此所欠的人情债——是无法计算的。我对此深深地表示感谢。

目 录

001 / 导言
- 001 / 一、策略背景：概念性(the conceptual)的本性
  - 002 / 1. 概念性的同化还是分化？
  - 003 / 2. 概念的柏拉图主义还是实用主义？
  - 004 / 3. 意向性的基本处所是心灵还是语言？
  - 006 / 4. 概念活动的属：表象还是表达？
  - 009 / 5. 区分概念性：内涵主义(intensionalism)还是推论主义？
  - 011 / 6. 从下到上还是从上到下的语义解释？
  - 013 / 7. 原子主义还是整体主义？
  - 014 / 8. 传统的表达主义还是理性主义的表达主义？
  - 017 / 9. 逻辑的语义学工作是认知的还是表达的？
- 020 / 二、历史背景：理性主义、实用主义及表达主义
- 032 / 三、本书结构

040 / 第一章 语义推论主义和逻辑表达主义
- 040 / 一、导言
- 040 / 二、表象主义和推论主义
- 042 / 三、推论主义与非推论报告
- 044 / 四、弗雷格论《概念文字》
- 047 / 五、实质推论

050 / 六、阐释的合理性

051 / 七、弗雷格论逻辑的表达作用

055 / 八、达米特的模型与根岑(Gentzen)

057 / 九、语句的情境与后果

060 / 十、"派生"、普赖尔(Prior)、贝尔纳普(Belnap)和保守性

062 / 十一、"德国佬"以及对推论承诺的阐明

065 / 十二、协调一致与实质推论

069 / 十三、从语义学到语用学

070 / 第二章　行动、规范及实践推理

070 / 一、某种背景

072 / 二、路径

074 / 三、实践推理的三种类型

077 / 四、实践推理的实质特性

079 / 五、规范语汇的表达作用

082 / 六、合理的意志

086 / 七、结论

087 / 第三章　可靠主义的洞见与盲点

087 / 一、可靠主义的基本洞见

092 / 二、小鸡的性别鉴定与超级盲视

095 / 三、认识论和语义学

099 / 四、可靠主义和自然主义

101 / 五、谷仓门面与戈德曼(Goldman)的洞见

106 / 六、推论与可靠主义的隐含的洞见

111 / 第四章 什么是单称词,以及为什么存在单称词?

- 111 / 一、什么是单称词?
  - 111 / 1. 单称词和对象
  - 112 / 2. 次语句表达式和投射新颖语句的使用
- 116 / 二、什么是单称词?
  - 116 / 1. 句法:替换-结构的作用
  - 121 / 2. 语义学:替换-推论的意味
  - 124 / 3. 简单的实质替换-推论承诺
- 128 / 三、为什么存在单称词?
  - 128 / 1. 四个可供选择的次语句分析
  - 130 / 2. 论证
  - 133 / 3. 逻辑语句算子的重要性
- 136 / 四、结论

141 / 第五章 从推理到表象的社会路径

- 141 / 一、背景
  - 141 / 1. 思与思及(thinking and thinking about)
  - 142 / 2. 康德
  - 144 / 3. 推论与内容
  - 146 / 4. 概念使用的规范特性
- 148 / 二、分析
  - 148 / 1. 表象与交流
  - 151 / 2. 从言(*de dicto*)与从物(*de re*)
  - 155 / 3. 接受(undertaking)与归属(attributing)
  - 157 / 4. 归派
  - 160 / 5. 替换承诺

164 / 三、结论

166 / 第六章　客观性与合理性的规范精致结构
　　166 / 一、语义可断定主义（semantic assertibilism）
　　170 / 二、给予和索取理由
　　177 / 三、客观性

185 / 索引

201 / 译后记

导　　言

一、策略背景：概念性(the conceptual)的本性

这是一本有关**概念**使用与**概念**内容的书。它的主导思想是：语言表达式的意义及意向状态的内容，其实也就是觉识(awareness)本身，首先应该根据其在**推理**中所起的独特作用来加以理解。第一章导入和促发了这样一种观念：在语义解释的顺序中**推论**优先于**指称**。随后几章则通过运用这一观念处理哲学上重要的各种争论和难题进而展开了这一进路。这些哲学争论和难题是：实践推理与行为理论中规范概念的作用，知觉与知识论中可靠性评估的作用，单称词与谓词(作为次语句表达式，它们不可能直接起到前提和结论的推论作用)的独特表达作用，命题态度归派(ascription)与概念使用的表象维度，以及概念性的客观性本性。尽管这一讨论(就每一章以及整个来说)意在就其自身而言的清楚明白，但从本书所追求的设想退后一步，将这一讨论置于一个更大的理论争论背景，置于各种可能性以及这一争论得以形成的各种进路之中，也许不无裨益。

总的话题是概念性这类东西的本性。这一选择已经蕴含了与关注(attention)有关的某种重要的强调：在心灵哲学方面，强调**智识**(sapience)意义上而非仅仅感受(sentience)意义上的觉识；在语义学方面，强调特定的**概念**内容，而舍弃了对其他种类的内容的关心；在语用学方面，强调从各种熟练的做(doing)的背景中挑选出的**话语**(discursive)

（即使用概念的）实践。目的是聚焦于概念性，以便详尽阐述有关对某物**觉识**的一种相对清楚的观念，它存在于将概念运用于某物之上——典型地，就是通过说出或思考关于它的某种东西。

谈论这一话题需要就基本的解释策略做出一系列的选择。最终的承诺需要被摆在台面上，因为它们以这些重要的方式塑造了通达概念性的所有进路。使确立方位的那些承诺的这个背景清晰化，有助于将一种观点置于拥有各种选项的哲学空间中。解释的诸多特点——原本表达几乎不可见（因为只是隐含的）的假定——于是显现出来，寻求裁决，它们面临明确的挑战和对于证成的需要。用来阐明这里所追求的思想路线所处地带的那些长轴，可以被表述为一系列严格的双重对立。它们共同使为周围地势绘制地图成为可能。

1. 概念性的**同化**还是**分化**？

方法论路径的一个分叉关涉到将相对优先性赋予话语生物（discursive creature）与非话语生物（nondiscursive creature）之间的**连续性**与**非连续性**，即以下二者之间的相同与不同：一方面是概念使用者的判断和行动，另一方面是非概念使用的生物和人造物对于环境信息的摄取及工具性介入。我们可以询问这一区分有多么尖锐——也就是说，在什么范围以什么方式，中间状况的可能性可以得到理解。多多少少独立于对这一问题的回答，理论家们有可能在下面一点产生分歧：是否由描述共同的属（genus）**开始**，然后进一步详尽地阐明属差（不论是定性的，还是根据由特殊复杂性导致的定量整理），以对立于从什么是独特的概念性的说明开始，这种独特性只是后来才被置于一个更大的框架中，这个框架涵盖了能力更弱的系统的做（doing）。当然，无论叙述从哪儿开始，都需要既说明概念的使用与非话语生物的举止相似的方式，又需要说明它不同于后者的方式。将具有概念结构的活动**同化**于它由之产生（以进化的、历史的以及个体发展的语言风格）的非概念活动的那些理论，其危险在于未能看到足够的差异。而采取相反策略的那些理论，一开始就致力于概念的**独特性**或例外性，也面临着不能公正对待属的(generic)相似性的危险。强调重点和解释次序方面的差异可表达实质的理论承诺。

沿着这一方向，这里谈论的叙述进入了第二种类别：概念性与非概念性之间的非连续性是首要的。这个讨论是由对于什么是概念性这类东西的特殊性或特点的关注而引发的。相对于什么东西使概念使用者和非概念使用者统一起来，我对于什么东西使二者分离开来更感兴趣。这就使我的工作方案不仅有别于美国古典实用主义者并也许有别于后期维特根斯坦的工作方案，而且也有别于当代语义学理论领域中的许多人〔如德雷斯克（Dretske）、福德（Fodor）以及米丽肯（Millikan）〕的工作方案。

2. 概念的**柏拉图主义**还是**实用主义**？

这里是另一个方法论策略的分歧。关于概念性的说明可以根据先前对于概念**内容**的理解来解释概念的**使用**。或者可以追求一种互补的解释策略，从关于运用概念的实践或活动的叙述开始，然后在此基础上，详细阐述对于概念内容的理解。第一种可以被叫做**柏拉图主义**策略；第二种可以被叫做**实用主义**（按照这种用法，也就是一种功能主义）策略。在此意义上的一种语义的或概念的柏拉图主义，会将通常由陈述句所表达的或信念所拥有的内容，等同于可能世界的集合或等同于以其他方式确定的真值条件。然后它必须在某个时刻加以解释，将这种内容与语句和信念联系在一起，是如何有助于理解在做出断言时怎样使用语句以及在推理和指导行动时怎样配置信念是恰当的。与此相对照的是，实用主义的解释方向，寻求解释语言表达式的使用或意向状态的功能作用如何赋予它们以概念内容。

在这个意义上，这里所阐述的观点是一种概念实用主义（广义地说，一种功能主义）。它根据知道**如何**（能够）**做**某事来提供关于知道（或相信，或说出）**事情**是如此这般的说明。它从在使用表达式以及获得和配置信念的实践中所隐含的东西这一方向出发,探讨概念清晰的命题或原则的内容。"断定"(assertion)、"断言"(claim)、"判断"(judgment)以及"信念"(belief)都是一些完全模糊的表达式——不仅仅是碰巧。这里所采用的那种实用主义,试图求助于断定**行为**(assert*ings*)的特征,来解释什么**被**断定了(assert*ed*),根据断言**行为**(claim*ings*)的特征解释什么**被**断言了(claim*ed*),通过判断**行为**(judg*ings*)的特征解释什么**被**判断了(judg*ed*),借助于相信**行为**(believ*ings*)的作用解释什么**被**相信了(believ*ed*)[的确,借助于对于它的表达行为(express*ings*)来解释什么被表达了(express*ed*)]——总之,通过行为来解释内容,而不是相反。

3. 意向性的基本处所是**心灵**还是**语言**?

借助语句和其他语言表达式的公共使用,概念被运用于**语言**领域。借助对于信念和其他意向状态的私人采纳与合理依赖,它们被运用于**心灵**领域。从笛卡尔到康德的哲学传统,将**心灵主义的**(mentalistic)解释秩序当作不言而喻的,赋予心灵以概念使用之天然、原发处所的特殊地位,将语言降低为次一级的、后来的,在与他人思想——它们已经在先前的个人心灵场所里完全形成了——交流过程中仅仅起到工具的作用。自此以后的这段时期,其特征一直是广泛地不断增长的对于语言之于思想和心灵化(mindedness)的重要性的欣赏,以及对于如下语言图景的质疑:语言或多或少是一种方便的工具,除了任何对它**说**出一个人所**想**的东西这一可能性的考虑之外,它也将思想表达为有内容的因而是可理解的。在哲学思考方面,二十世纪已然是语言的世纪,加速朝向与传统解释次序相反的某种东西。所以达米特(Dummett)为意向性的**语言**理论做这样的辩护:"我们自始至终反对将断定看作是对内在判断行为的表达这一观点;不如说,判断是外在断定行为的内化。"①达米特的断言标

---

① Michael Dummett, *Frege's Philosophy of Language*, New York: Harper and Row, 1973, p. 362.

志着这样的观点(它以不同方式被诸如塞拉斯、吉奇这样的思想家所推进):将语言使用视作可在先并独立得以理解的,因此可用来提供一种模型,在此模型的基础上,一个人方能类推地理解心理行为以及发生:将思考看作一种内在的说话。这种观点正好将传统的早期近代方法头足倒置了。

戴维森(Davidson)断言,一个人要成为信念持有者,就必须是一个对于他人言语的诠释者,但"无论是语言还是思维都不能根据另一个获得充分的解释,两者都没有概念优先性。的确,两者在这种意义上紧密相连:其中任何一个都需要另一个才能得到理解,但是这种联系并没有如此的完满以至于一个足以——哪怕合理地得到加强——阐释另一个"①。尽管在某些重要动机方面,戴维森与达米特的纯粹语言理论有共同之处,但事实上这两种观点表明了,在思考概念使用方面,一个人赋予语言实践以主导地位的两种不同方式之间的重要区别。与达米特的断言不同,戴维森的断言有助于体现出一种对于智识(sapience)来说有关语言重要性的**关系的**观点:认为在一个不包含语言使用的语境中,概念的使用是不可理解的,但也坚持认为,不同时诉诸像信念这样的意向状态,语言实践是没有意义的。

在这个意义上说,我们所追求的思想路线,是关于概念性的**关系-语言的**(relational linguistic)进路。概念使用本质上被当作语言的事情。断言行为(claiming)和相信行为(believing)是一枚钱币的两面——既不是在每一个信念都一定被断定的意义上,也不是在每一个断定都一定表达了一个信念的意义上,而是在这样一种意义上:不论是相信的活动还是断定的活动都不可能彼此独立地具有意义,它们的概念内容,从根本上而不只是偶然地,能够无差别地既是断言的内容也是信念的内容。在

---

① Donald Davidson, "Thought and Talk," in *Inquiries into Truth and Interpretation*, New York: Oxford University Press, 1984, p. 156.

对上面所提及的那些活动与那些内容之间的那种解释关系加以承诺的语境下,这个进路采用了语言实用主义的形式,它或许可以用塞拉斯的原则作为其口号:**理解一个概念也就是掌握一个语词的使用**。在我挑选的意义上,詹姆斯和杜威是实用主义者,因为他们试图根据使用概念的实践去理解概念的内容。但是,与他们关于概念使用的普遍的同化主义(assimilationalist)进路相一致,他们并不是特定的**语言**实用主义者。后期维特根斯坦、蒯因(Quine)和塞拉斯(以及达米特和戴维森)是语言实用主义者,他们的通过考虑表达式的使用以达致其意义的策略,提供了一种针对弗雷格(Frege)、罗素(Russell)、卡尔纳普(Carnap)、塔斯基(Tarski)关于意义的柏拉图式的模型-理论(model-theoretic)方法的对应平衡。

4. 概念活动的属:**表象**还是**表达**?

除了关于概念性的原**处所**的争论之外,还有一个争论,事关如何理解它作为其种(species)的那个**属**(genus)。(就像我已经指出的那样,这个问题对于首先关注什么是那个属下的概念种的独特性的理论来说,其紧迫性并不亚于它对于接受同化主义处理次序的那些理论的紧迫性。)至少自笛卡尔以来,启蒙运动认识论和语义学的核心概念是**表象**。觉识是以表象的方式而被理解的——不论是采取表象活动的直接觉识的形式,还是采取借由关于它们的表象对被表象者的间接觉识的形式。通常,特定的概念表象被当作这样一种表象:关于它,以及借助于它,我们可以有觉识。这一思想方向直到今天仍然十分活跃,它经历了较大的实质转型,这种转型是比如自然主义和广义功能主义借助表象来说明觉识以及关于表象的觉识的说明所需要的。结果是一种人们熟悉的、不无争议地占据统治地位的当代研究程序:将关于表象的一般观念置于合适位置上,它的简单形式已经在非概念使用的生物那里得以展示,然后以它为基础,构造出更加复杂的形式,直到人们达致某种可被认作特定的**概念**表象的东西。

这一有关心灵化(mindedness)之构成的表象范式①是极为普遍存在的,以至于要设想具有类似的普遍性和前景的替代选择,或许并不容易。然而,一种重要的对立传统指望将**表达**的观念而不是表象的观念当作属,独特的概念活动可作为它的种而得以理解。启蒙运动将心灵描绘为**镜子**,浪漫主义反对这幅心灵画像,将心灵看作**灯**②。广义的认知活动不再被看作一种被动的反思,而被看作一种主动的展现。强调实验干预和理论生产的创造性特征的重要性,激发了将科学活动同化于艺术活动,发现成了有条件的创造——将认识自然描绘为产生第二自然(借用莱昂纳多·达·芬奇的话)。

赫尔德(J. G. Herder)所开启的那种表达主义,将一种姿态表达一种情感的内在变为外在的过程,当作自己最初的出发点③。于是我们受到吸引,去考虑更加复杂的情形,在此,态度通过行动得以表达,例如,一种愿望或意向导致了相应的做(doing),或一种信念导致了相应的说。只要我们聚焦于最简单的情形,那么在解释概念活动作为其种的那个属的方面,表达主义模型似乎并没有提供一种特别有希望的路径(尽管如果注意力被聚焦于比如说印章留在蜡板上的印记的话,人们关于表象主义模型也可以说同样的话)。但是关于这个模型的适当评论是能够以某种方式修正这一印象的。

第一,我们可以将更加复杂并更加有趣情形下的表达过程,不是当作内在东西向外在东西转型的事情,而是当作使**隐含**的(implicit)东西**清晰**(explicit)化的事情。这可以在实用主义的意义上来理解:将某种我们一开始只是**做**的东西转变为某种我们可以**说**的东西,以知道**什么**

---

① 这与我在第一章中所说的"表象主义"的意思并不完全相同,那里的表象主义关涉到语义解释的更具体的还原顺序的承诺。
② M. H. Abrams 的经典著作 *The Mirror and the Lamp: Romantic Theory and the Critical Tradition* (New York: Oxford University Press, 1953)勾勒了这一主题。
③ 参阅 Isaiah Berlin 在 *Vico and Herder: Two Studies in the History of Ideas* (New York: Viking Press, 1976)一书中的讨论。

(knowing that)的形式对某种知道**如何**(knowing how)加以整理。

第二,就像对表达主义的实用主义形式的刻画所表明的,在目前语境下最有趣的情形中,清晰的观念将是**概念的**观念。清晰化过程就是运用概念的过程:将某种素材概念化。

第三,我们不需要屈从于这样一种诱惑(这种诱惑来自姿态对情感的原始表达关系):认为被表达的东西和对于它的表达,可独立于对它们之间关系的考虑而各自得到理解。至少在那些更有趣的情形中,隐含的东西的明确性可依赖于使之清晰的可能性。而清晰性有可能是不明确的,除非考虑什么东西被清晰化。按照这种观点,被表达的东西一定是根据表达它的可能性而被理解的。这种**关系的**(relational)表达主义将每一个语言行为和它们所表达的意向状态都理解为整体中的基本要素,这个整体只是根据它们的关系才是可理解的。例如,按照这一进路,一个人应该认为,不论是断言行为还是相信行为,一旦从它们在断言人们相信什么的过程中所起的作用抽离出来,都是无法得到理解的。(也就是说,这种表达主义有关于概念领域布局的关系语言观作为后果。)

以表象的方式理解概念性作为其种的那个属,引入了一种柏拉图式的解释次序。它并不要求一个人对于有关表象内容的心理学的或语言学的功能主义说明的可能性是清楚的。然而,如经由知道如何与知道什么之间的区分来描述什么是隐含的与什么是清晰的之间的关系所表明的,表达主义特别中意于实用主义的语义解释次序。由本书基本内容所提供的说明,是一种构成的、实用主义的、关系语言学的、概念的表达主义。对试图使表达主义成为工作框架——在这一框架下理解概念使用以及(因此)概念内容——的承诺使这一工作方案与当代场景下绝大多数其他方案完全不同。因为表象范式不仅在从事分析的语义学——从模型理论的、可能世界的、直接反事实的以及信息的进路,到目的论语义学(teleo-semantic)的进路——的整个领域,而且在继承索绪尔语义学主要原则的结构主义那里,以及甚至在后来的那些欧陆思想家那里,都占据了支配地位。这些欧陆思想家的后结构主义仍然如此深深地陷在表象范式的泥淖里,以至于除了根据代表其他能指(signifiers)的能指来理解意义之外,不可能看到替代根据代表所指(signified)的能指来理解意义的其他选择。即便那些明确由拒斥柏拉图式的表象范式所激发的实用主义的当代形式,也始终没有看到或寻求开发一种表象主义的替代选择。

5. *区分概念性*:**内涵主义**(intensionalism)还是**推论主义**?

在这个导论中,我并不妄求为任何一种我正在详述的方法论承诺进行论证。我的目的是提供一幅关于地势的快速素描,在这一地势的背景下,这本书的主要内容(在《使之清晰》一书中论述得更详尽)所追求的进路形成了它特有的外观——引进和安置那些承诺,而不是一上来就接受它们中的任何一个。我一开始就说过,我对什么东西把概念性与非概念性**区分**开来特别感兴趣。这个话题在当代哲学圈内并没有获得我认为它值得享有的关注。如果说存在一种广泛一致的答案的话,我认为那一定是:概念性[或意向性(the intentional)]是由一种特殊的内涵性(intensionality)而被区分出来的:拥有共同指称或共同外延的表达式或概念之间的相互替换,并不能保留意向状态——典型地,诸如思想和信念之类的命题态度——的归派(ascription)内容。(这是一个可作为论据的事实,它相对独立于那个内容的如何被解释,不论这种解释是以真值条件的表象方式,还是以作为可能世界之集合的命题表象方式,还是以某种功能作用的表象方式、以信息论的方式、可断言条件的方式等做出的。)这里所追求的是一种相当不同的进路。

激发和指引这一事业的主要观点是:将特定的**话语**实践与非概念使用的生物的做(the doings)区分开来的,是它们的**推论**阐明。谈论概念也就是谈论它们在推理中的作用。最初的浪漫主义的表达主义者(与古典的和当代的实用主义者一样)是关于概念性的**同化主义者**

(assimilationists)。我阐述表达主义进路的方式是**例外主义的**（exceptionalist），聚焦于概念性这类东西的独特的种差。它是**理性主义的实用主义**，将给予和索取理由的实践置于首要位置，认为它们赋予了举止、表达式以及在这些实践中被适当采用的状态以概念内容。它以这种方式而不同于其他重要理论家的观点，这些理论家在赞同诸如杜威、海德格尔、维特根斯坦、达米特以及蒯因这些将意义归于使用的理论家的意义上是实用主义者。它是理性主义的表达主义，它将**表达**某物、使某物**清晰**理解为将其置于一种形式中，在其中它既可以充当**理由**又处于对**理由**的需求中：在这种形式中它既可充当**推论**的前提又可充当**推论**的结论。说或想**那件**事情（that things）是如此这般的，也就是接受了一种独特的**被推论地**阐明的承诺：将它当作进一步推论的合适的前提，也就是说，**授权**将它作为这样的前提加以使用，并承担**责任**使一个人自己对那个承诺具有资格，在合适的情境下——通常通过将它展示为来自一个人有资格或可以有资格采取的其他承诺的推论后果——证明他的权威。理解在这种使之清晰的过程中被运用的**概念**，也就是掌握它的**推论使用**：知道（在能够实际做出区分即一种知道如何的实践意义上）一个人通过运用这一概念使自己承诺了哪些其他概念，什么使一个人有资格这么做，以及什么排除了这种资格。

可被视作弗雷格的基本**语用学**的原则是：一个人在**断定**一个断言时，便承诺了它的**真**。阐发这一原则的标准方式是柏拉图式的方式：先设定对于从一个人的语义学理论中所衍生的**真**的概念的某种把握，然后在这种连接的基础上，详尽阐述关于语用效力（pragmatic force）或断定的言语行为的说明。但这一原则可以用不只一种方式加以阐发，语言实用主义颠倒了柏拉图式的解释次序。首先由关于一个人在做出断言时在**做什么**的说明开始，由此出发，它追求详尽阐述有关什么**被说出**即有关内容或命题——某种可以根据真理条件加以思考的东西——的说明，一个人通过言语行为对这一内容或命题做出了承诺。

可被视作弗雷格的基本**语义学的**原则是：一个好的推论绝不会从一个真的断言（或可断言的）导向不真的断言。这一点也可以用两种还原的解释次序的任何一个来加以阐发①。标准的方式是假设一个人先抓住了真的观念，然后用它来解释什么构成了好的推论。理性主义的或推论主义的实用主义也颠倒了这个解释次序。它由关于好和坏的推论的实践区分——它被理解为恰当的与不恰当的**做**之间的区分——开始，然后进一步将关于真的谈论理解为关于什么被这种好的推论步骤保留下来的谈论。

6. 从下到上还是从上到下的语义解释？

根据这种推论主义的思想路线，概念性的基本形式是**命题性**（the propositional），概念使用的核心是在具有命题内容的**断定**、**信念**以及**思想**中运用概念。它断言，具有命题内容，也就是能在推论中起到前提和结论的推论作用。因此，通过诉诸推论来划分概念的领域，就包括在另一个抽象的方法论区分上坚定地站在其中的一边。因为它蕴含着，在解释次序上，将那种由整个陈述句所表达的概念内容当作优先于那种由次语句表达式——诸如单称词和谓词——所表达的内容。传统的语词逻辑是从底部建立起来的：首先提供与单称词和类词相关的概念意义的说明（以一种唯名论的表象方式，即根据它们所命名或代表的东西），然后是对由那些词项的连接所构成的**判断**意义的说明，最后是关于连接那些判断的**推论**恰当性的说明。对于当代语义学（塔斯基的模型理论语义学是范例）的表象进路来说，这一解释次序仍然是典型的。然而，也存在着首先将语义解释者（例如，可能世界的集合）分配给陈述句的柏拉图式的表象语义学理论。实用主义语义学理论典型地采取了一种由上到下的进路，因为他们从概念的**使用**开始，一个人就概念所做的，是将它们运

---

① 当然，这里所考虑的方法论上的否定，通常是真的。人们不需要将任何一个要素当作自身可被理解的并试图根据它来说明其他要素。取而代之的是，人们可以直接探讨和揭示不同方面之间的关系。

用于判断和行动。所以，康德将判断当作经验（因此在他的话语意义上也就是觉识）的最小单位，因为在传统逻辑等级中，它是一个人能对其**负责**的第一个要素。（命名并不是一个人对任何事情应负责任的做。）弗雷格开始于可判断的概念内容，因为那是语用**效力**可以附着的东西。维特根斯坦对于使用的关注使他将语句看作一种特殊的语言要素，对于它的言说能在语言游戏中移动一步。我把这些看作有关命题优先性的本质上与实用主义观点一样的三种方式。从另一面说，命题主义与从使用角度看待意义的广义实用主义之间的联系并不是强制性的，因为这种进路的功能主义形式也会赋予与次语句表达式相关的内容以特殊地位。然而，推论主义本质上是一种命题学说。

在这一方面，推论主义和表达主义几乎相吻合。因为表达的范式是**说某事**。能起到推论前提和结论作用的是**断言行为**（claiming）意义上的说。与推论主义相似，表达主义将我们的注意力首先引向**命题**的概念内容。然后，进一步的叙述一定与这种内容被**分解**为那种由诸如单称词和谓词这样的次语句表达式（在派生的意义上）所表达的那种概念内容有关。（以及与它们随后**重组**以产生新颖内容有关。这一叙述见之于第四章。）与此相对照，激发表象主义的是命名的范式：名称与它的承担者之间的关系。于是，按照追求这一解释方向的标准方式，一个人必须引入一种关于事态的特殊的本体论范畴，这些事态被认为是由陈述句所表象的，就像单称词表象了对象一样。

理性主义的表达主义是按照推论作用来理解清晰性的（即在可断言的意义上是能说的，某物必须具备了这种形式才可以说被表达了）。和语言实用主义一起，这种观点蕴含了下面这点：给予和索取理由的实践，通常在语言实践方面具有一种被赋予特殊地位的定义作用。使某个东西成为特殊的**语言**（按照这一观点，因此也就是话语）实践的，是它赋予某些举止以**断言行为**的、具有**命题**内容承诺的力量或意味，它既可以充当理由又处于对理由的需要当中。不包含推理的实践不是语言的或

(因此)话语的(discursive)实践。所以,按照这些划分标准,维特根斯坦在他的《哲学研究》的开头部分所引入的"石板"**语言游戏**(Sprachspiel)不应该算作真正的**语言游戏**。它是**有声的**(vocal)实践但还不是**言语的**(verbal)实践。与维特根斯坦相反,对于概念性的推论确认,断言语言(话语实践)有一个**中心**;它不是混杂的。生产和消费**理由**的推论实践在语言实践区域中位于**中心地带**(downtown)。边缘地带的语言实践使用并依赖在给予和索取理由的游戏中所锻造的概念内容,是寄生于它的。断言行为、能证成一个人的断言以及用一个人的断言去证成其他的断言和行动,并不只是人们能用语言所做的许多事情之一。它们和一个人能玩的其他游戏不同。它们是首先使谈话因而使思考即通常的智识成为可能的东西。当然,作为概念使用者,除了在判断和行动中运用概念以及对这些运用加以证成之外,我们还做**许多**其他事情。但是(与当代新浪漫主义理论家如德里达所提供的不加区分的平等主义图画相对立),按照这种语义理性主义观点,那些复杂的、后来的语言以及更一般的推论活动之所以大体上可被理解,只是因为有推论-和-断言这种核心实践的背景在那儿。

7. **原子主义**还是**整体主义**?

与从上到下还是从下到上的语义解释的争论密切相关的,是语义**整体主义**还是语义**原子主义**的争论。在以下意义上,形式语义学传统一直是坚定的原子主义式的:将语义解释者分配给一个要素(比如说专名)可独立于将语义解释者分配给任何其他要素(比如谓词或其他专名)而被理解。为了理解地图上一个特殊的点代表克利夫兰(Cleveland),一个人完全不需要知道关于其他点代表什么或蓝色的波状线条代表什么。形式语义学的任务是从下到上地解释如何将语义相关的某个东西——假定它们已经被分配给了简单的表达式——系统地分配给复杂的表达式。原子主义的补充是:对简单表达式的分配可以逐个地进行。与此形成对照,推论主义语义学是坚定的**整体论**的。按照关于概念内容的推

16 论主义说明,一个人除非拥有**许多**概念,否则不可能拥有**任何**概念。因为每一个概念的内容都是由它与**其他**概念的推论关系而得到阐明的。于是概念一定是以打包的方式出现的(尽管这并不是说,它们一定只能在一个很大的打包中出现)。概念整体论不是一个人在独立于将他引向关于概念性的推论观念的考虑的情况下,还有动机去接受的承诺。更准确地说,它是那一进路的直接后果。

8. **传统的表达主义还是理性主义的表达主义?**

一切表达主义理论的核心当然是它关于表达行为(expressing)的说明。被表达的东西以两种形式显现出来:隐含的(只是潜在可表达的)和清晰的(实际被表达的)。关于表达的谈论也就是谈论转型过程:什么东西凭借在那个过程中的作用,变成了可见的**内容**,这内容表现为两种**形式**,即作为隐含的以及后来作为清晰的。就像我在前面所表明的那样,传统浪漫主义的表达主义将类似内在**情感**由外在**姿态**所表达之间的关系的某种东西当作它的范例。贯穿于现在这一说明的**理性主义的表达主义**则是很不相同的。在清晰性被等同于特定**概念**阐明的地方,比如此处,表达某个东西就是将它**概念化**:将它置于概念的形式之中。我在一开始就说过,这个事业的目标是要清楚地说明智识觉识(sapience awareness),清楚地说明这样一种意义:在此意义上,对于某物的觉识也就是将它置于一个概念之下。按照此处所追求的进路,这么做也就是对一个人(由此)觉知到什么做出断言或判断,对它形成信念——一般说来,就是以一种能用来作为理由并处于对理由需求之中的形式来表述它,使它具有**推论**的意味。将未被概念化的东西概念化这一图画是哲学关注的令人熟悉的焦点,它引发了令人熟悉的气势宏大的哲学病。此处所追求的理性主义的表达主义路线是借助在理解只是隐含的与概念上清晰的两者之间的关系方面所运用的特殊策略而有所不同。

17 该策略依赖于一群相关的推论主义观念。首要的也是最基本的观念,如上面已经提到的,是关于概念清晰化的思维方式。在概念的意义上,是清晰的也就是起到了一个特定的**推论**作用。在最基本的情形中,它在既适合于用作推论的前提也适合于用作推论的结论的意义上,是具有**命题**内容的。根据关系语义学的观点,在这个意义上,是可思的或可信的,也就是成为**可断定的**。弄清实用主义解释策略的基本方式就是:根据一种独特的知道**如何**(knowing how)或能够**做**某事,来理解**说**(认为、相信)**如此这般**(that such and such)(也就是接受一个**具有命题内容的态度**)。推论主义按照其**推论**阐明,挑选出相关种类的做。命题的(或更加一般地,概念的)内容对于那些从事语言实践的人来说是现成可用的,它的核心是导出结论和提供证成。只是对于红的东西的可靠的有区别的回应还不是把它们**觉识为**红的。通过产生可重复的回应(如机器或鹦鹉可以做的),辨识力对诱发性刺激进行了整理,在这个意义上,对它们进行了分类。然而这还不是**概念的**分类,因此还不涉及在此考察的那种觉识。(即使不是教一只鸽子在恰当的感性刺激下啄食这个而不是另一个扣子,而是教鹦鹉发出这个而不是那个声响,我们仍然只是触及声音而不是语言。)接下来,我们可以想象一种规范的实践,根据这一规范的实践,通过产生一种确定的声响,红的东西得到了**恰当的**回应。那仍然还不是概念的事情。当那种回应的能力或技巧被置于一个包括将回应处理为有推论意味——即处理为为在语言游戏中走出另一步提供理由,并且自身也潜在地处于对通过走出另一步而提供的理由的需要之中——的更大语境的时候,在那种实践的做中所**隐含**的东西在对**红这个概念**的运用中变成了**清晰的**。这种理性主义的实用主义断言对于前面各种形式的表达主义的首要优势,是由关于概念清晰性的相对清楚的推论观念所提供的。

关于概念性的实用主义力图根据人们必须隐含地知道**如何**(能)**做**,来理解清晰地**说**或**认为**某物(think that something)是这样的是怎么回事。相关种类的做是一组断定行为或推论行为,做出断言并为它们给予和索取理由,这是关于概念性的理性主义的实用主义或推论主义的实用主义的本质。但一旦这种关于清晰化的(有命题内容的,或更一般地说,有概念内容的)推论观念被采用,我们就可以求助于这一关于表达行为(清晰的东西)的观念来理解某物可以被表达(隐含的东西)的各种意义。推论主义图画实际上启用了几种关于隐含化的观念。首先是一个断言使之清晰或在断言中变成清晰的东西:一个命题,可能事实,被说的(可说的)或被想的或被相信的东西。但在另一种意义上我们可以谈论在一个清晰的断言中什么仍然是隐含的,即它的推论的后果。因为在一组推论实践的语境下,认可或承诺一个命题(可断言的)也就是隐含地认可或承诺了它所导出的另一些命题。掌握这些推论关联是隐含的背景,只有在此背景下,清晰的断言行为才是可理解的。实际上,从一个清晰的可断言物(某种可以被说、被想等等的东西)导出各种推论,也就是发掘出阐明其内容的各种推论关系。因为在**说**事情是如此这般——例如这块布是红色的——时,一个人并非在同样的意义上**说**(清晰化)它是有颜色的以及空间伸展的,那些后果只能算作隐含的。由于阐明了最初说的内容,它们至少是隐含在其中的。"隐含的"再次被给予了一种相对清晰的推论的意义,但这一意义不同于这块布是红色的这个事实(人们可以可靠地对其做出有辨别的回应)在那个断言中得以清晰化的意义。在不同但相关的意义上,一个清晰的断言自身包含了隐含的部分:

(1) 支配通向或导自对于正在谈论的可断言内容的承诺的推论步骤的恰当性。

(2) 根据(1)所提到的实践的恰当性,作为第一个断言之推论后果的那些其他断言。以及

(3) 那个断言的概念内容,它被(1)的推论所阐明。

关于隐含性的这些观念是关于清晰化的基本推论模型的直接产物。

9. 逻辑的语义学工作是认知的还是表达的？

思考逻辑的一个标准方式是把它当作为我们提供达到一种真（truth）的特殊认知通道。逻辑的目的是要通过**证明**某些种类的断言来确立它们的真。但逻辑也可以用表达的方式来思考，把它当作一套独特的工具，用于**说**某种事情，这些事情没有它不可能被清晰化。弄清这何以可能，需要采取进一步的步骤：将清晰化的最初模型运用于推论后果，这些后果隐含于（在刚才考虑的意义上）大量的清晰断言之中。按照有关概念使用的推论主义说明，在做出一个断言时，一个人是在隐含地赞同一套推论，这套推论阐明了它的概念内容。隐含地赞同那些推论是一种做（doing）。理解人们所承诺的概念内容是一种实践的掌握：一种知道如何，它能够辨别出什么会接着那一断言而来以及什么不会在那一断言后出现，什么会作为支撑它或反对它的论据，等等。澄清那种知道如何，即一个人隐含认可的那些推论，也就是将它置于事情是如此这般的断言形式中。在这种情形下，这么做的主要表达资源是由基本的**逻辑语汇**提供的。在将**狮子**概念运用于利奥（Leo）①时，我隐含地承诺了**哺乳动物**这一概念对于它的适用性。如果我的语言足够丰富以至包含了**条件句**的话，我就能说，**如果**利奥是一头狮子，**那么**利奥就是一头哺乳动物。（如果这个语言的表达方式足够丰富以至包含了量化算子的话，我就能说，如果**任何**东西是头狮子，那么它就是哺乳动物。）克利奥（Cleo）是一种头足类动物，这是她不是一头狮子的好的（实际是决定性的）证据。如果我的语言足够丰富以至包含了**否定**（negation）的话，我就可以通过说出**如果**克利奥是一只头足类动物，那么克利奥**不是**一只哺乳动物，从而使连接**狮子**这一概念内容的隐含的推论要素清晰化。

通过以这种方式说事情，通过**使用**逻辑语汇，我可以使阐明概念内容——我用这些概念做出日常清晰断言——的隐含推论承诺清晰化。

---

① Leo 是儿童寓言故事中狮子的名字。——译者注

在此，关于觉识（在智识意义上）的最初的命题-推论模型在一个更高的层次上被运用。在第一种运用中，我们得到关于**意识**的一种说明——比如，利奥是一头狮子(Leo is a lion.)。在第二种运用中，我们得到一种关于语义的**自我**意识(*self*-consciousness)的说明。因为以这种方式，我们开始**说出**当我们**说**利奥是头狮子时，我们正在**做**的事情。比如，我们（以可断言的因而具有命题内容的方式）使如下的过程变得清晰：通过说如果某物是一头狮子，那么它是一种哺乳动物，我们因而承诺它是一种哺乳动物。一种沿着逻辑语汇这种独特的表达作用的路径的说明，在本书的第一章被引入。后继的各章运用并扩展了这一思考，以至包含了诸如作为规范语汇的精致的说话风格（第二章）以及诸如"关于"或"有关"的某些使用的意向辞藻（第五章），它们通常并不和条件句及否定放在一起。关于概念内容的这种方式的推论主义使关于逻辑的一种新的表达主义成为可能。将关于清晰性及表达的推论模型运用于逻辑语汇的功能，为在清楚和确定的水平上详细阐明——它在表达主义传统内一直（至少可以说）是不同寻常的——的模型提供了检验的根据。第四和第五章探讨了与出自这个事实的可期待的哲学结果相关的两个维度，这两章分别提供了一种有关使用单称词（及谓词）之必要性的性质和演绎的表达的说明，以及有关清晰的意向语汇和表象语汇所特有的表达作用的说明。

条件句断言——以及一般地，由使用逻辑语汇所形成的断言，对于推论主义者来说条件句是它的范例——表达了一种语义的自我意识，因为它们使推论关系、结果以及日常非逻辑的断言和概念的内容清晰化了。用关于非逻辑概念内容的（部分的）逻辑清晰化模型来阐明非逻辑断言的日常清晰化的某些特点是可能的。举例来说，一个诸如**红**这种概念的概念内容，作为关键要素，有其恰当使用的非推论情境（回想一下，一个人在关于内容的**广义**推论观念中求助于这些情境，因为在运用那个概念时，一个人隐含地认可了从那个概念的适当使用情境到其使用后果的推论的恰当性,而不管那些情境本身是不是以狭义的推论方式加以确定的)。构成知道如何的隐含背景——然后,只是在这一背景下,广义推论主义语义学理论可以对清晰断言某物是红色的实践做出解释——的部分实践技能是一种恰当地和有区别地对红色事物做出回应的能力。第三章讨论关于观察物的概念的清晰运用的隐含背景这一部分本身是怎样在逻辑的意义上——首先通过对应的**可靠性推论**确定其位置,然后用条件句对那一推论加以编纂——被清晰化的。按照推论主义的方式,可靠性推论将原先的非概念能力**概念化**,以有区别地对应于红色的事物。一旦它披着这种推论的外衣出现,**红色**概念内容的这一面——即便以可靠性推论的形式呈现,它(在另一种意义上)仍然是隐含的——正如任何其他被推论阐明的方面一样,可以通过使用条件句而被清晰化。

用特定的推论阐明对概念性进行划界,这一基本观念始终引领着关于清晰的东西和隐含的东西之间的表达式关系的展开。在第一阶段,这一观念提供了一种在可断言的(可判断的、可思考的、可相信的)也就是具有命题的内容的方面使某物清晰的最终结果的理解,即由使用基本陈述句所表达的那种东西的理解。在第二阶段,同样的推论主义观念导向了独特的逻辑语汇之概念作用的表达模型,它有助于用可断言的形式(条件句是其范例)使隐含地阐明日常非逻辑概念——我们用这些概念使事物在第一阶段被确定的意义上清晰化——的内容的推论关系清晰化。在第三阶段,隐含之物与清晰之物之间的表达关系的观念——在第二阶段,它在与独特的逻辑概念的使用的关联中得到展开——被运用来进一步阐明第一阶段意义上的清晰之物与因此被变得清晰之物之间的关系。结果具有一种可被看作黑格尔式结构的说明:对于(一种)意识(即智识觉识)的理性主义的、表达主义的说明,为关于(一种)自我意识(即语义的或概念的自我意识)的相应说明提供了基础,然后这一说明,通过为理解说明由之开始的那种意识提供模型,被用来深化原先的叙述。

二、历史背景：理性主义、实用主义及表达主义

这一说明的真正核心是它的**理性主义**：认为头等重要的事情是特定的**推论**阐明、在给予和索取**理由**的实践中起到一种作用。它为如何为**概念性**的独特领域划界的问题提供了我所给出的答案。根据它的被并入推论-和-断言的实践，即归属（attributing）和接受（undertaking）对于采取某些步骤以及占据某些位置——它们的内容是由它们在那些实践中的位置所确定的——的恰当性的承诺，具体的**语言**实践被挑选出来［被认作话语的（discursive）］。作为结果的**理性主义的实用主义**（rationalistic pragmatism）正是在这些方面与诸如杜威、海德格尔、维特根斯坦、蒯因以及罗蒂等其他语义学的实用主义者的主张有着重要的不同。此外，**理性主义的表达主义**（rationalistic expressivism）拥有传统浪漫主义的表达主义所不拥有的重要概念资源和优势。表达主义的这一版本提供了一种框架，在其中有可能做一种细致的语义学工作（第四章所提供的论证是标志性的）。同样的框架使关于**逻辑**的表达主义进路成为可能，它提供了一些潜在重要的新洞见，比如关于**规范**语汇的独特表达作用（第二章所讨论的），以及关于**意向**的或清晰地**表象**的语汇的独特表达作用（第五章所讨论的）的洞见。

至少自洛克时代以来，在英语世界中，经验主义一直是哲学的富有战斗力的信念与起组织作用的原则。它在二十世纪由诸如罗素、卡尔纳普以及蒯因等思想家所发展的独特形式，除同样秉持了对于知识的**经验**起源的传统坚守之外，还强调了**语言**和**逻辑**的关键认知作用。这本书的中心目的就是引进一种有关后面这些话题——以及关于意义、心灵、知识——的思维方式，它摆脱了经验主义承诺的语境，这一语境一直塑造着这一传统内的讨论。

在放弃经验主义时，我并不想否定在我们的认识论和语义学中，关

于知觉实践的考虑必须扮演一种关键的角色。也许可被称作**老生常谈的经验主义**将自己限制于这样的观察：没有知觉经验，我们就不可能有关于偶然事实的知识；或者更深入一些，如果不与知觉经验相关联，概念内容便是不可理解的①。这些断言并没有引起异议。（的确，我认为要找到任何一位哲学家，**曾经**对它们——包括那些最著名的候选主张——做出过反驳，是非常困难的。但我在此并不打算支持那个断言。）哲学上各种实质的经验主义，其理论的和解释的承诺，完全超越了这些老生常谈。我的主要目标是语义学理论，我把它看作有关意义、心灵、知识以及行动的经验主义进路的基础。经验主义是一种思潮，它太宽泛，太多样化，拥有太多的涡流、死水及侧槽，以致无法用一些界限清晰的必要充分条件来对其加以限制。尽管其一般过程，借由对基础性的理论的和实践的推理的承诺，以及对在心理片段——认知方面的感觉经验以及行动方面被感到的动机或偏好——发生时我们自身直接发现的概念使用的承诺，而被标记出来。按照我认为最可反驳的那些形式，拥有这些经验被认为不需要特殊**概念**能力的运作。更确切地说，它被理解为一种可以与非概念使用的哺乳动物分享的**前**概念能力。因此，它的释放被理解为可用来解释概念的使用存在于何处，并提供了概念活动作用于其上的或所运用的原材料。（传统抽象主义的或联想主义的策略只是产生这一思想路线的特殊方式，还有许多其他方式也是可能的。）

---

① 这里，我是采用通常的说法以避免冗长的转述。"经验"不是我的用语。在《使之清晰》的很大篇幅中，我发现没有必要使用它（尽管它被提到过），同样的策略也适用于本书的主要部分。我不认为我们需要——无论是在认识论，或者更重要地，在语义学中——诉诸知觉事实与关于知觉事实的报告之间的任何中介物，这些知觉报告是非推论地由可靠的、有区别的反应倾向所引出的。当然，存在许多**因果的**中介物，因为非推论的观察报告是有命题内容的承诺的，对于它的承认，处于可靠共变事件包括神经生理学共变事件串联的整个因果链的末端。但是我没有看到，它们中的任何一个具有任何特别的概念的或（因此是）认知的或语义的意味。从本书所表明的观点看，相反的最强有力的论证，是由我的同事约翰·麦克道威尔在《心灵与世界》（*Mind and World*, Cambridge, Mass.: Harvard University Press, 1994）一书中所提供的那些论证。

古典经验主义心灵哲学将直接的知觉经验当作觉识或意识的范例。古典经验主义认识论将那些同样的经验当作经验知识的范例,在它那里寻找所有其他知识的根据和权威。随着这一传统的发展,更加清楚的是,它们两者都建立在一个多少有些清晰的语义学图景上,按照这一图景,经验内容、觉识以及知识,首先是按照**表象的**方式得以理解的,即被理解为有关什么是(或自称是)通过某些表象**行为**状态或片段而**被表象**的事情。在当代具体形式中,关于表象内容的这种观念,其含义更加经常地根据什么对象、事件或事态实际因果地引起表象或哪些对象、事件或事态会在各种条件下可靠地引起那种表象而得以揭示。关于经验知识——开始于知觉经验——内容的这种思维方式因此就自然地被看作得到了聚焦指称、指谓以及外延,信奉一阶谓词逻辑语言的外延模型-理论语义学类型的语言哲学的补充。

经验主义试图根据经验信念在我们发现自己所拥有的经验中的起源,以及实践意向在我们发现自己在最基本的方面所具有的意欲或偏好中的起源,来理解概念的内容。**理性主义的**解释次序把概念理解为规范,它决定了什么被当作特殊信念、断言以及意向的**理由**,谁的内容由于这些概念的运用而得以阐明,以及哪些身份可以成为它们的理由。它的动力是一种传统的理性主义思想,塞拉斯(在一篇简略自传中)说这种理性主义思想在二十世纪三十年代已经开始刺激他的哲学发展,这一思想就是:"所需要的是关于概念的功能的理论,这一理论将概念在推理中所起的作用,而不是所谓在经验中的起源,当作它们的首要特征。"[①]当我们询问觉识和概念使用的关系时,这种不同是最为显著的。经验主义者把概念使用理解为在一个先在的觉识背景下被理解的成果,它证成了这一个概念而非另一概念的使用或者使得这一概念而非另一概念的使用

---

① Wilfrid Sellars, *Action, Knowledge, and Reality*, ed. H. N. Castaneda, Indianapolis: Bobbs-Merrill, 1975, p. 285.

是恰当的。要起到后一种作用,这里所说的觉识就必须成为某种不只是敏感设备诸如地雷以及超市里的开门压板之类的可靠的有区别的回应的东西。相反,对于理性主义者来说,具有潜在规范意味(认知意义作为其种的那个属)的那种觉识存在于概念的使用中。在这个意义上说,要有觉识,人们必须已经拥有概念。当然,这直接就产生了这样的问题:除非人们能对事物已经有所觉识,否则人们如何可能成为概念使用者?但是,对此,像塞拉斯这样的实用主义者可以用一个关于如下过程的叙述给出回答:起初只是有区别地做出回应的生物是怎么能够开始进入给予和索取理由的隐含的规范的社会实践,以至于它们的某些回应可以被看作为或具有认可(endorsements)的社会意味,以及做出或支撑可被推论阐明的**断言**的社会意味①。

　　除了拒斥经验主义,这里所说的理性主义的实用主义和表达主义也反对**自然主义**,至少是在这个术语通常被理解的意义上。因为它重视是什么将服从于独特概念规范的话语生物(discursive creature)与他们的非概念使用的祖先和远亲区别开来。概念规范通过给予和索取理由、评价断言和推论恰当性的社会语言实践而发挥作用。**社会**交互作用的产物(在一种仅仅将它们从种群特征区别出来的严格意义上)不是**自然**科学研究的对象,尽管它们并不因此而被当作幽灵般的或**超**自然的。在将概念内容赋予举止、状态以及表达式——在它们那里概念内容被恰当领会——时,那些实践构建了一个**文化**领域,它建立在——但又超越了——可靠的、有区别的回应倾向及其仅仅具有自然生物特征的运作的背景上。一旦概念的使用被考虑进来,具有自然的事物和具有**历史**的事物之间便有了区分。像电子和芬芳化合物这样的物理事物是第一类事物的范例,而像英国浪漫主义诗歌和"自然"以及"自然的"术语使用之类的文化构造,是第二类事物的范例。

---

① 在《使之清晰》前三章中,我有一个更加详细的叙述。

27　　这些范畴之间的关系是一件复杂的事情。物理的、化学的以及生物的**东西**具有自然而不是历史,但是定义和研究它们的那些学科呢?物理学本身应该被看作某种具有自然的东西,还是某种具有历史的东西?持后一种结论,便是给历史、文化、概念以首要位置。因为它实际上将具有自然的东西与具有历史的东西之间的**区别**,**自然科学**(Naturwissenschaften)所研究的东西和**精神科学**(Geisteswissenschaften)所研究的东西之间的区别,看作本身就是一种文化构造:一种本身具有历史而不是自然的东西。理解一个概念就是掌握一个语词的使用——语词的使用是必须历史地加以理解的那种东西的范例。在这个意义上,甚至诸如**电子**和**芬芳化合物**之类的概念,也是那种有历史的东西。但它们不**纯粹**是历史的。因为支配那些概念使用的恰当性取决于含有它们的什么样的推论是**正确的**,也就是说,取决于什么**真实地**紧随着什么。那取决于与电子和芬芳化合物相关的事物是怎样的,而不只是取决于我们认可什么样的判断和推论。(这也就是说,我们对于相应语词的**使用**,不应被看作受制于我们这种认可的倾向。)对于相关种类的取决(dependence)的理解——即有关什么推论是正确的,通过运用它们我们真实承诺了什么,及它们的内容真实地是什么(我们通过对它们的使用已经赋予它们的内容)而不是我们把它们当作什么——是一项精细而重要的工作。本书最后三章收集了有关它的基本原材料。第四章提供了有关谈论**对象**是怎么回事的一种解释。第五章说明了将我们的谈论当作是**关于**对象的是怎么回事。第六章表明,推理结构如何使我们有可能根据一种正确性——权威在此被授予我们正在谈论的事物而不是我们对待它们的态度——来理解断言(claims)是服从于评价(assessments)的。这里没有任何自然主义的说明。

28　　除了拒斥经验主义和拥抱非自然主义之外,这里引入的理性主义语义学理论的不同寻常之处在于不把**表象**当作它的基本概念。由推理而不是表象开始对概念使用(因此最终对于概念内容的说明)加以说明的方法论承诺，并不需要否定在概念使用方面存在一个重要的表象维度。的确，这种不同寻常的解释起点具有一种好处，它使概念的表象的某些特征鲜明化，否则这些特征很容易被忽视。最后三章强调了这些观点的某些方面，同时开始兑现由推论主义的解释次序所发行的期票——也就是说，最终根据断言之间的**推论**关系提供对于对象**指称**关系的说明。当然，知觉中的非推论的语言输入步骤和行动中的语言输出步骤也在这个过程中起了关键的作用。但是对承认那些命题承诺——它们来自观察终止于举动——的特定**推论**阐明，在理解运作于那些过程之中的那些可靠的有区别的回应能力之认知的和实践的**规范**意味方面，占据着显著的位置。

我称那种认为在概念性划界中推论的阐明是**必要**因素的观点为"**弱推论主义**"。认为在说明概念内容方面**广义构造**的推论阐明是**充分的**观点，我称其为"**强推论主义**"。而认为在说明概念内容方面**狭义**构造的推论阐明是**充分的**观点，我称其为"**超强推论主义**"。对于推论阐明的广义构造和狭义构造之间的不同，就在于是否将非推论的运用情境（在这种情形下，诸如**红**这样的概念具有一种非推论的报道使用）和运用后果（在这种情形下，诸如**应当**这样的概念具有非推论的实践使用）纳入考虑之中。广义构造将注意力聚焦于推论承诺，这种推论承诺在使用任何概念的时候——甚至包括与那些非推论的情境或推论后果有关的概念——都被隐含地加以采用：也就是说，是对于从运用的情境到后果的推论恰当性的承诺。我在这里所认可的观点是强推论主义①。

任何一种推论主义都是对某种语义**整体论**的承诺，都反对常常与承

---

① 载于 *Pure Pragmatism and Possible Worlds*：*The Early Essays of Wilfrid Sellars*（ed. J. Sich, Reseda Calif.：Ridgeview Publishing，1980，pp. 257 - 286）的塞拉斯的重要短文《推论和意义》("Inference and Meaning")并没有做出这些区分。相应地，它也许屈从于这样的批评：它为弱推论主义收集证据，然后把它当作对强推论主义，甚至是超强推论主义承诺的证成。

诺表象主义语义解释次序携手并进的**原子主义**。因为如果每个语句或语词所表达的概念内容被理解为本质上存在于它的推论关系（广义构造的）中或者由它的推论关系（狭义构造的）所阐明的话，那么一个人就必须掌握许多这样的内容才能掌握任何一个内容。这种从整体论的概念作用通向语义学的进路潜在地面临一些问题，这些问题既关涉到在信念变化下概念内容**稳定性**以及对于各种推论的恰当性的承诺，又关涉到在认可不同断言与推论的个体之间**交流**的可能性。然而，如果一个人将概念看作决定各步骤**正确性**的**规范**，这类关涉就远远不那么紧要了。我通过使用"钼"这个术语而使自己服从的那些规范——什么东西实际上被导出或者与那个概念的运用不相容——不必随着我关于钼的观点以及它的推论环境的改变而改变。你和我可通过相近的同样的公共语言和概念的规范而结合在一起，尽管事实上我们倾向于做出不同的断言和推论步骤。在给予和索取理由的游戏中，我是否将一个东西当作"钼"类型的殊型（token），取决于我。然而那个步骤的后果是什么却并不取决于我。（如果我内在地在思想中玩这个殊型，我并没有使情形有什么显著的不同。）

就像我已经说过的，推论主义也同时承诺了**命题性**（the propositional）的概念优先性。因此，推论主义的语义学解释颠倒了传统次序：从推论的恰当性开始，它们解释了命题的内容，然后根据这两者进一步解释由诸如单称词和谓词之类的次语句表达式所表达的概念内容。第四章描述了这最后的一步（这一步没有被像塞拉斯以及——按照我的解读——达米特这样的近期推论主义者所注意）是如何可以完成的。

这里所追求的理性主义形式的表达主义也包含对于**逻辑**的性质及哲学意味的传统看法的拒斥。逻辑不完全被看作对一种独特的**形式**推论的研究。它毋宁是对起到独特**表达**作用的语汇的推论作用的研究：以一种清晰的方式对隐含在日常的、非逻辑的语汇使用中的推论进行了整理。于是,使逻辑语汇的推论作用清晰化可以采用展现包含它们的推论类型的形式,这些推论类型在下面的意义上是形式有效的:它们是非逻辑语汇替换非逻辑语汇过程中的不变项。但这一任务只是附带的和工具性的。逻辑的任务首先是帮助我们**说出**关于由使用非逻辑语汇所表达的概念内容的某种东西,而不是**证明**关于由使用逻辑语汇所表达的概念内容的某种东西。按照这幅图画,实际包含逻辑语汇的推论的**形式**恰当性,来自实际包含非逻辑语汇的推论的**实质**恰当性并由此得以解释,而不是相反。因此,逻辑不是正确推理的准则或标准。它可以帮助我们澄清(因此有助于批评和转型)制约我们所有语汇的使用的推论承诺,并因此阐明我们所有概念的内容。

最后,这里所提出的观点不接受关于实践推理的流行的休谟式的观念。按照这种通常的进路——在戴维森论行动的著述中,在理性选择理论家以及其他通过决策理论或博弈理论来谈论合理性规范的理论家的著述中,这一点是非常明显的——制约实践推理和界定理性行动的规范,实际是**工具性的**规范,其权威性来自内在激发的偏好或欲望。从能动性(agency)方面说,那些状态是一些经验主义的类似物,它们类似于从认知方面说知识的权威性可以追溯到的觉识的前概念片断。第二章提供了一种说明,按照这一说明,与此不同,关于一个行动者偏好什么或意欲什么的陈述被诠释为对某些特定类型的实践推理承诺的整理,这些推理类型选自由使用其他规范语汇而得到整理的各种各样的推理类型。欲望和偏好的概念因此从它们的特权位置上被降级了,现在只具有一种派生的和边缘的规范权威。认可和承诺处于理性能动性——作为一般合理性的——的中心,只是当理性行动者必须将倾向(inclination)带入合理恰当性的链条时,倾向才露面,而不是相反。

因此我这里所提的观点不同于许多(如果不是绝大多数的话)塑造和推动了二十世纪英美哲学(Anglo-American philosophy)的重大理论的、解释的以及策略的承诺:经验主义、自然主义、表达主义、语义原子主义、关于逻辑的形式主义以及关于实践理性规范的工具主义。尽管我并不同意推进了分析哲学世界观的那些核心要素,但我从英美传统那里发展出我的解释和论证的结构,以及做出具有清晰内容的断言、对其加以论证、坚定地负责任地推出其后果的适当性标准。我认为这些标准不需要被看作要有这一群观念,或只是由这一群观念来加以保证。的确,尽管我这里所从事的事业并不能很好地与传统意义上的**意义分析**相等同,但它可恰当地被看作是在追求一种明显的继承工作。因为,我试图要做的,是在一种清楚的和特定推论的意义上,使各种哲学重要概念中所**隐含的东西清晰化**。在随后的篇幅中要处理的是诸如**概念内容**、**逻辑**、**应当**、**可靠的**、**单称词**——它们通过具有意向指向性的"有关"或"关于"(of 或 about)得以表达——以及**客观性**之类的例子。

塞拉斯曾经说过,他的整个工作的目的,就是开始将分析哲学从它的**休谟**阶段推进到**康德**阶段。这一说法的完整含义包括了康德主义大厦中许多内庭和走廊所产生的回响。但我认为,它的核心在于这样一种信念:对于思想和行动的**概念**阐明,其独特的性质、贡献和意义,已经被各种形式的经验主义系统地忽视了。尽管在二十世纪的混合中增加了逻辑是一个有前途的进展,但是从塞拉斯的眼光看,从一开始,就没有能根据我们所处置的新的形式语言所提供的表达力来重新思考哲学事业的制约条件和恰当性标准。结果便是用其他手段追求传统经验主义幻象,这些手段最终不可能在原则上公正地对待概念使用的规范性,这种规范性在一方面整理事实之间的推论关系的自然法则与另一方面只是对于它们的调节的区别中,在为理由而行动与只是由于被促推而移动的差异中,找到了它的各种各样的表达方式。一个更加有前途的替代选择是一开始便聚焦于对知觉获得的和实践追求的承诺及资格的概念阐明,而不是聚焦于我们发现自己直接就有的经验和倾向。出于引导人们通过研究蓝图而非研究砖块从而对一栋建筑有更多了解的同样的理由,康德的策略是一个更好的策略。

我的老师罗蒂把本书为之作出贡献的事业描绘为对于塞拉斯事业的延伸：使通向思想和行动的**康德**进路进一步转换为**黑格尔**进路成为可能①。通过我此处所叙述的各种策略选择，我们可以理解这一刻画的正当性。首先，我对**自然**与**文化**之间的分割感兴趣。在此背景下，我们可以将文化领域等同于这样一些活动，它们要么存在于判断和行动的概念运用中，要么预设了这种能力。**精神科学**（Geisteswissenschaften）以对概念使用的研究和对因概念的使用而可能的事物——只有概念的使用才能进行的活动——的研究作为它们的恰当目的。我的主要目标之一可被理解为：陈述和探索文化领域划界的一种特殊原则的后果。尽管文化活动毫无疑问是在自然世界的框架内产生的，但我最关心的是，那特殊的一群概念上得到阐明的现象——黑格尔称它们为"精神"（Geist）——的出现使什么东西成为可能。文化产品和活动只是由于使用了规范语汇而变得如此清晰，这种规范语汇原则上是不能还原为自然科学语汇的（尽管其他描述下的同样现象当然可以为那个语汇所用）。的确，自然科学语汇（像所有其他语汇一样）的调度，本身就是一种文化现象，是某种只有在**精神科学**所提供的概念视界内才能得到理解的东西。对自然的研究本身是有历史的，我们一定是通过对那个历史的研究而接近它自己的本性的，如果它有任何本性的话。这幅图画和追求归功于黑格尔。

黑格尔影响的第二个方面是他关于概念规范的**实用主义**。康德的伟大洞见之一，是用判断和行动的独特**规范**身份——作为在一种独特的意义上我们对之**负责**的东西——将它们与只是自然生物的反应区别开来。他把**概念**理解为规范，它通过特殊的判断和行动的行为，决定了什么是我们对之负责的，什么是我们承诺了的以及什么使我们有资格对它做出承诺的。然而，康德将关于这种规范性的本性和起源、概念的结合等许多困

---

① 见罗蒂就塞拉斯 *Empiricism and the Philosophy of Mind* 的新近重印本所做的导言，我为这本书贡献了一个学习指南(Cambridge, Mass.: Harvard University Press, 1997)。

34　难问题,从令人熟悉的经验现象领域踢入本体领域。黑格尔通过将**规范身份**理解为**社会**身份——通过提出一种观点,按照这种观点[如我的同事约翰·豪吉兰德(John Haugeland)在另一个背景下所说的那样]①,**所有先验的法规都是社会的构建**——将这些问题带回到地面上。隐含的、规范的、从根本上说**社会**的实践乃是理解使事物清晰的概念活动的背景。

　　关于隐含在认知活动中的规范的实用主义在二十世纪上半叶从三个独立的方向走向我们:在杜威那里终结的美国古典实用主义,作为《存在与时间》作者的海德格尔,作为《哲学研究》作者的维特根斯坦。然而,在尝试如何能运用这些传统的洞见(部分是共同的,部分是互补的)以便在当代语言哲学和心灵哲学中取得进步时,我发现自己被拉回到黑格尔的最初版本。因为和其他三种更近的社会实践理论不同,黑格尔的理论是一种**理性主义**的实用主义。与他们的概念同化主义(conceptual assimilationism)大相径庭,在理解什么是说或做某种事情上,他把**推理**(reasoning)置于首要位置。

　　另一方面,杜威和詹姆斯②、早期海德格尔以及后期维特根斯坦,每个人都以他们自己的方式抵制**表象**语义学范式。但是,他们都没有明确提供一种替代范式,它在结构上既足够丰富又足够清楚,以便要么从事真正的语义学工作——像表象主义模型理论的发展,包括可能世界语义学③所做的那种工作,要么提供一种有关**逻辑**语汇独特功能的解释。黑

---

① John Haugeland, "Heidegger on Being a Person," *Nous* 16(1982): 16-26.
② 皮尔士,在这个问题上同在许多其他问题上一样,是个更加复杂的案例。
③ 作为我所想到的关于那种事物的一个快速闪现,考虑一下**副词**。诸如"走路"这样的动词,可以被指派一个从对象到可能世界集合的函项作为它的语义解释项。然后,诸如"慢慢地"这样的副词,可以被指派一个从[从对象到可能世界集合的函项]到[从对象到可能世界集合的函项]的函项。于是,再现定语副词与非定语副词之间的语义差别就是个简单的事情:它就是在诸如"慢慢地"副词(在此,从"a Fs"到"a Fs 慢慢地"的推论是一个好的推论)与诸如"在一个人的想象中"的副词(在此,相应的推论并不是一个好的推论)之间的差别。参见例如 David Lewis's "General Semantics," in *Semantics of Natural Language*, ed. G. Harman and D. Davidson, Dordrecht: Reidel, 1972, pp. 169-218.

格尔所继承的浪漫主义的**表达主义**传统的**理性主义**、推论主义版本,在我看来,坚守的正是这一替代选择范式的许诺。黑格尔的表达主义版本更有吸引力的地方在于,它不仅在概念方面是语用学的和推论主义的,而且也在以下意义上是**关系的**:隐含的和清晰的至少是部分地通过它们彼此的表达关系而被构造的①。关于清晰性的推论主义理解正是使替换表象主义的表达主义选择成为可行所需要的。正如我前面所说的,**理性主义**的表达主义根据它在**推论**中所起的作用来理解**清晰**——某物必须处于可思的、可说的形式中才能被算作被**表达**的。我认为黑格尔已经引入了这一观点,尽管他将概念内容的最小单位看作推论方面彼此相关的可判断物的整个整体主义的体系,因此不是命题主义者。

最后,在使隐含的背景——只有在这种背景下,任何事物才可以被清晰化——清晰化的意义上,这种理性表达主义的实用主义在**逻辑**和**自我意识**之间锻造了一个链条,那明显是黑格尔式的。因为它提供了关于**意识**——即**智识**意义上的觉识——的说明,这一说明为关于**自我意识**——**语义**的或**概念**的自我意识——的相应说明提供了保证。于是,关于什么由于特定**逻辑**语汇的独特使用而变得清晰的这一观念,使对于叙述由之开始的那种意识的新的欣赏成为可能②。

我认为正是这套观念,具有扩大当代分析哲学前沿的前景。我的希望是:通过忽视洛克和休谟所关注的与动物的相似性以及强调从事给予和索取理由的社会实践所敞开的可能性,我们将更加接近有关成为人(being human)的说明,这种说明公正地对待作为**文化的**而不只是**自然的**生物的我们所特有的那些意识和自我意识。

---

① 引自 Charles Taylor's *Hegel* (New York: Cambridge University Press, 1975)第三章。
② 黑格尔并不总是被解读为提出了我认为是其哲学核心的那些话题——首先是关于概念规范和概念内容的性质。但是,当他被如此解读时,他变得对此有很多有趣的东西可说。展开和证成这一解释路线是一个重要的许诺。我预见,自己会写一本关于黑格尔的书。

三、本书结构

　　构成本书主体的六章所提供的观念和论证来自或发展自我 1994 年的《使之清晰》。对于已经掌握那本书的人来说,这六章中没有什么东西会使他感到惊异。它们原来是为讲座而写的,每一篇都意图在自身的范围内,撇开与其他各章的关系,而得到理解。我心目中的听众也许并没有深入研究那本大部头的书,但对它的主题和哲学结论感到好奇。这些讲座是在许多场合、对许多听众分别陈述的,他们那些敏锐的问题和生动的讨论至少帮助我避免了一些错误,使我的陈述得以优化和条理清晰。当有机会做更进一步的陈述时,我也是带着对那些场合的相互支持和渐增效应的关注,撰写了这些讲座。除了一章(第三章,论可靠主义)外,其余几章我在 1997 年秋季伯克利大学的汤森讲座(Townsend Lectures)中讲过。新近在 1999 年冬季,我在法兰克福的歌德大学做了五场讲座,这些讲座包含了除最后一章的所有内容。第一、四、五章的前身是我 1994 年在普林斯顿所做的亨普尔讲座(Hempel Lectures)[①]。我想,经验已经证明,这里每一章的叙述都可以独立成篇,它们合在一起可提供一幅关于《使之清晰》中详细展开的研究语言和思想的进路的某些有争议的核心问题的很好的图画。然而,在有关这些论证的预设和语境

[①] 这些讲座的某些部分的多种版本,已经在其他地方出版了。第一章的更早的阐释见于 "Inference, Expression, and Induction: Sellarsian Themes," *Philosophical Studies* 54 (1988): 257-285, 更加完整的说明见于《使之清晰》第二章。本书的第二章见于 *Philosophical Perspectives* 12(1998): 127-139, *Language, Mind, and Ontology*, ed. James Tomber-lin, 更为完整的说明在《使之清晰》第四章的第二部分被给出。第三章发表于 *Monist* 81, no. 3 (July 1998): 371-392, *Reunifying Epistemology*, 这一章的总体思路产生自《使之清晰》第四章前半部分的主题。第四章提供了《使之清晰》第六章的核心论述。第五章的一个版本曾作为 "Reasoning and Representing" 发表于 Michaelis Michael and John O'Leary-Hawthorne, eds., *Philosophy in Mind: The Place of Philosophy in the Study of Mind* (Dordrecht: Kluwer Academic Publishers, 1994), pp. 159-178, 它和第六章都是对《使之清晰》第八章主题的发展。

方面产生问题的地方,应该记住,那部著作应该被当作、应该被考虑为提供了我所能做出的最充分的说明——包括有关在这个导言中被置于目录中的那些话题。在这本更加简短、简单的小书中,许多重要的动机、承诺以及展开都已经不得不省略了。

第一章,"语义推论主义和逻辑表达主义",引入和激发了两个基本的观点。第一个是:拥有特定的**概念**内容也就是在**推理**中起到确定的某种作用。最基本种类的概念内容是**命题**内容,即那种由陈述句(以及"that"从句或关于命题态度归派的确定内容的语句补语)表达的内容。因为这种内容是可说的、可想的以及可信的合适种类,它们可以被理解为使某个东西成为**清晰**的。本书的主张是,拥有或表达这样一种内容,也就是能在**推论**中既起到前提又起到结论的作用。第二个观点是:**逻辑**语汇本身的独特表达作用,是使推论关系清晰化。因此,**条件句**被看作逻辑语言风格的范例。只有当人们将推论的恰当性看作超越了逻辑形式所保证的那些恰当性的情形下,这一思路才是有意义的。这也就是说,人们必须承认,除了在**逻辑**有效性意义上的**形式上**好的推论之外,还存在一些推论,它们在阐明被运用于它们的前提和结论的非逻辑概念内容的意义上,是**实质上**好的。

在本书的其他部分,这些观点被用来解决各种哲学争论:规范性和实践推理(第二章);对认知过程可靠性——诸如知觉之类——的诉求的最终推论性质(第三章);替换观念何以能让推论的语义进路延伸到诸如单称词和谓词的次语句表达式(它们不可能起到前提和结论的直接推论作用)(第四章);使思想和谈话的意向指向性或表象关涉性清晰化的那些语言的独特推论表达作用(第五章);使概念内容的客观性成为可能的那种社会视角的、对话的推论阐明(第六章)。

第二章,"行动、规范以及实践推理",将逻辑和语义学的推论主义范例加以延伸以包括实践推理。它以意向行动的形式终止于非推论的话语输出转换(noninferential discursive exit transitions)。所以,它将有关意向内容的推论主义进路与有关信念内容的推论主义进路结合在一起。它的目标是要做与这一章标题的三个部分相对应的三件事：

用推论主义方式解释对特定**规范**语汇加以辨识的表达作用，即说出什么是这种语汇的清晰化（to make explicit）的工作。这么做也就是说出"应当"意味着什么。

引入一种思考**实践推理**的非休谟的方式。

提供一种关于**意志**作为实践推理的理性能力的广义的康德式的说明。

经验主义传统试图将有关行动的理由和支配行动的规范的谈论回溯到基本的偏好和欲望，它们既被理解为内在的激发（motivating）又被理解为只是那些可内在激发的东西。所以，关于行动理由的任何复杂的表达都必须包括对能动者所意欲的东西的具体化，凭借它，那理由对那个能动者起到了理由（动机上）的作用。在我的叙述中，与工具主义者的叙述不同，偏好和欲望根据对某种实践推论的承诺，也就是说，根据什么是什么的理由，而得到解释，而不是相反。不同种类的规范语汇被表述为使整理——以清晰的断言（可断言的）形式——对不同种类实践推理的恰当性的承诺成为可能。在这一背景下，偏好和欲望作为承诺的一种而有自己的位置，它们是由于自己的结构而不是由于有关理由或行动的动机的任何特权而得以有所不同。

第三章，"可靠主义的洞见与盲点"，进一步将推论主义语义学的观念运用于观察，即运用于知觉的非推论的话语输入转换（discursive entrance transitions）。该话题是对可靠的有区别的对应倾向——例如，通过使用概念**红**（red）对红的事物加以回应——的概念次序的处理，这些对于对应于观察事态的经验概念的内容来说，是根本性的。这一问题是通过对当代知识论的可靠主义的讨论来探讨的，在更加传统的求助于推论的地方，可靠主义求助于可靠过程——至少在知识论，也许也在对知识断言的内容的理解方面。这里涉及可靠主义的三个洞见和两个盲点。我所称的**基本洞见**（Founding Insight）认为，即使在候选认知者不能对可靠地形成的真信念加以证成的时候，它们也可有资格成为知识。**戈德曼洞见**（Goldman's Insight）是：可靠性的归属必须相对于参照类。我在激发前两个断言的那些例子中看到的**隐含的洞见**（Implicit Insight）是：可靠性的归属应该根据对一种独特**推论**的认可来加以理解。**概念的盲点**来自将基本洞见从知识论推进到语义学的过于普遍化，认为由于甚至在认知者不能提供推论证成的情形下也可能有知识，所以有可能根本不诉诸推论来理解（知识）断言的内容。**自然主义的盲点**是在可靠主义中追求完全自然化的知识论的基础，这一基础完全不需要诉诸规范或理由。为避免概念的盲点，一个人在辨识有资格成为信念因此成为知识候选者的表象时，必须充分意识到特定推论阐明的重要性。为避免自然主义的盲点，一个人必须充分意识到，对于可靠性的关注是对于一种独特的人际（interpersonal）推论的关注。在这些解释背景下，充分意识到推论的作用，就是在把握可靠主义的隐含的洞见。它正是保存并扩大基本洞见和戈德曼洞见所需要的东西。所以，应该根据推论的好来理解可靠性，而不是相反。

最后三章承受了这样一种挑战：以**推论**阐明的方式——在这里它被当作解释次序中的优先者——解释概念使用和概念内容的**指称的**或**表象的**维度。做出一个断言即意在陈述一个事实。第四章就真断言行为（claimings）所陈述的事实是关于**对象**的是怎么一回事，提供一种推论主义的说明，并就事实**一定**是关涉对象的这一结论提供了推论主义的论证。推论主义的实用主义承诺了自上而下的语义解释次序。它必须首先考虑**命题**内容，因为正是具有那种内容的表达式，才能起到前提和结论的基础推论作用。对于恰当起到这两种作用的表达式的言说，可具有**语用效力**（pragmatic force）或**断言**意味，因此这里所说的表达式可等同于陈述**语句**。要识别以及将概念内容归属给诸如单称词和谓词的**次语句**表达式，还需要进一步做些工作，因为它们并不能用来作为推论的前提或结论。弗雷格的**替换**观念提供了一种方式，将关于语句概念内容的推论主义解释延伸到这些次语句表达式上。它为我们提供了一种方式，使次语句表达式的发生对于它现身其中（作为前提或结论的一个要素）的推论的正确性具有贡献这一观念能讲得通。因为我们可以注意次语句表达式的哪些替换保留了、哪些替换没有保留推论——在这些推论中，它们现身其中的那些语句起到了前提或结论的作用——的正确性。用这种方式，次语句表达式可以被赋予一种替换地**间接的**推论作用。

　　第四章，"什么是单称词，以及为什么存在单称词？"分为与题目对应的两个部分。第一部分论证：单称词和谓词可以根据它们对替换推论——这些推论包含它们现身其中的那些语句——的正确性所做的贡献的**结构**而被区别开来。第二部分论证：这不是一种偶然的或意外的结构。推论实践的一般条件强行要求，**如果**在推论方面有意味的次语句结构还能在语句中被认出的话，那么它**一定**采用了单称词和谓词的形式——也就是说，如果我们是在做陈述事实的工作的话，那么我们陈述的事实一定是关于对象和它们的性质及关系的事实。尽管设想只包含语句表达式而没有内在结构的话语实践在原则上是融贯的，但这种语言的表达力是严重受限的。因为语言的生产性和创造性依赖于这样的事实：难以计数的新语句可以被产生出来并得到理解，是因为它们从熟悉的次语句要素中被构造出来。这一章的核心论证是直接从两个条件中导出单称词和谓词结构的必要性（在本章的第一部分所明确的精确替换推论的意义上）：对于用替换解剖刀分割语句来说不存在任意的制约，以及那个语言包含了**语句**逻辑的最小表达资源，即条件句（或否定）。由于按照关于逻辑的推论主义表达观点，这些都是使语言内部的实质推论关系——根据这些关系，日常非逻辑语句具有它们所具有的概念内容——清晰化所需要的语言风格，这就意味着，在任何能生产的、可投射的语言（它能拥有通过使用条件句而成为可能的最低限度的语义自我意识）的基本语句内，单称词和谓词将是替换地可辨认的。结论是：任何拥有关于自身概念内容的充分表达力的语言——绝不要担心它被用来谈论的那个世界的特征——必定采用了包含单称词和谓词的语句的形式。也就是说，它必定至少试图陈述有关对象以及它们的性质和关系的事实。我非常隆重地称它是**对于对象之必要性的一种表达的先验演绎**。它无疑是本书最困难的部分，但论证尽管是技术性的，却并不需要超过熟悉一阶逻辑的能力。

于是，在这里，我们已经在某种意义上看到了我们关于**对象**的谈论是怎么回事情。第五章，"从推理到表象的社会路径"，通过提供对**关于**(aboutness)的一般说明补充了这一讨论。它追求一种双管齐下的表达主义的和实用主义的策略。从表达主义的一面说，它的目的是根据一种**使之清晰**的**说**，来理解什么**隐含**在一个人所**做**的东西之中。在此，目的是根据(我们用来表达概念使用的表象维度的)清晰的表象语言风格的使用来理解将事物**表象**为如此这般的活动。如果我们将技术的、不可避免地负载了理论的哲学术语，诸如"指谓"(denotes)以及"指称"(refers)和"表象"(represents)①的某些使用放在一边的话，那么断言就是：在我们说什么或想什么(what we talk or think)与我们关于……的说什么与想什么(what we are talking or thinking *about*)之间的普通区别，是通过像"有关"(of)和"关于"(about)这样的术语的使用得到表达的——不是在诸如"我姑妈的(of)钢笔"和"大约(about)五磅重"这类短语中，而是当用来表达意向所指(directedness)，如"想到(thinking of)富兰克林"和"谈到(talking about)狼"时。这些使用转而被识别为那样一些使用：它们被用来以一种清晰的、可断言的归派(ascription)形式——如"亚当断言(claimed *of*)富兰克林没有发明避雷针"(这也可以被说成是"亚当将富兰克林表象为没有发明避雷针")——来表达命题态度的从物归属(*de re* attributions)。于是，在那个论证的实用主义一面，我们要问，一

42

---

① 《使之清晰》的第五章提供了处理这种语言风格之独特表达作用的推论主义路径。

个人必须如何**使用**这些表达式，以使它们起到有关命题态度的清晰的从物归派(*de re* ascriptions)的表达作用。通过借助对这类归派的独特**推论**作用的说明来回答这个问题，那个论证才完整了。断言是：它们整理了某些**人际**(interpersonal)的推论承诺。结果是对一种在整理推论承诺时，我们用来表达意向指向(intentional directedness)的清晰的表象语汇的作用的说明——也就是根据通向逻辑的表达进路，对特定的**逻辑**表达作用的说明。

第六章，"客观性与合理性的规范精致结构"，再次对应标题的两个部分，提供了由两方面构成的论证。第一个是对关于支配所有可认作包含给予和索取理由的实践——某些举止在其中具有断言行为和推论行为的隐含效力或意味的所有实践，也就是说，按照这里所追求的理性主义的语言实用主义思想路线，所有真实**话语的**或使用概念的实践——的规范的一个论点的论证。断言是：为了成为话语的，那些隐含的实践规范必须具有至少两个特点。它必须有可能使某些举止具有接受**承诺**的实践意味。因为断定某物也就是对它加以承诺，那些断定所表达的信念包含一种承诺。这种承诺首先处于实践的推论关系中——例如，一个人**通过**公开承诺(用断言的方式)利奥是一头狮子，因此隐含地承诺(不论人们是否认识到这一点)利奥是一只哺乳动物。那些承诺的内容处于语义推论关系中，这种推论关系可以通过使用条件句而被清晰化。但对于被当作包含了**理由**评价的推论(consequential)承诺的结构来说，一定也有相对于一个人的承诺的**资格**概念在起作用：即这样一种资格，当我们询问是否某人对他的承诺具有好的理由的时候，它是可争论的。一个人是否承诺了某个断言(可断言的)的问题，一定不同于一个人是否对于那个承诺具有资格(根据理由)的问题。

我这里所说的"合理性的规范精致结构"是各种广义推论关系的聚合，一旦我们认识到上面所说的两种规范身份，这种聚合就发生了。因为现在我们可以至少识别和区分三个基本的推论关系：保留承诺

(commitment-preserving)的推论,保留资格(entitlement-preserving)的推论,以及各种不相容(incompatibilities)。第一个是一类实质上好的推论(即:它们的正确或不正确从根本上依赖于或者阐明了出现于它们的前提或结论中的那些非逻辑概念的内容),它概括了作为**演绎**推论的形式主义逻辑传统中出现的东西。第二个是一类实质上好的推论,它概括了作为**归纳**推论的形式主义传统中出现的东西。第三个没有传统的类似物。我们可以说两个断言实质上不相容,如果对于其中一个的承诺排除了对另一个的资格的话。(这是一种**规范**的关系。一个人可以轻易地、可理解地接受不相容的可断言的承诺,就像一个人可以采取不相容的实践承诺一样,比如做出两个许诺,它们都不可能兑现。一个人不可能做到的是对两个不相容的承诺都同样**有资格**——的确,在标准情形下,只能对其中一个有资格。)这一丰富的实践推论结构为**逻辑学**提供了重要的新资源。例如,一个人可以将 p 的**否定**定义为它的最低不相容:它是一种断言,这断言是一承诺,它为一切与 p 实质上不相容的断言所蕴含。它也为**语义学**提供了重要的新资源。本章的最后一部分表明,这一推理结构如何使理解我们的断言服从于根据一种正确性——在这种正确性中,权威被赋予我们的谈论(在那种核心规范的意义上)所**关涉**的**事物**而不是我们对待它们的**态度**——所做出的评价成为可能。因此,在这一讨论的最后,我们看到了推论阐明的概念规范如何能保证对表象的**客观**正确性的评价。

第一章
语义推论主义和逻辑表达主义

一、导言

我在这里想引入一种关于语义学的思维方式——它不同于那些人们更加熟悉的思维方式,然后在此基础上,也引入一种关于逻辑的新的思维方式。为了显得很有抱负,我会通过对有关哲学史上自笛卡尔至康德这一时代的某些重要片段的一种不同的思维方式的素描,来引进这些观念。随后,我会通过把从三个不同的思想家弗雷格、达米特和塞拉斯——即我眼里的耶拿哲人、牛津哲人及匹兹堡哲人——身上所获得的想法放在一起,来解释并推进这一章题目中所标出的两个观念。我在他们每个人那里所选取的东西,都不同于通常我们阅读他们时所强调的东西。

二、表象主义和推论主义

众所周知,前康德的经验主义者和理性主义者都倾向于将因果问题和概念问题混为一谈,在很大程度上都没有充分重视对于概念至关重要的"观念的次序和连接"(斯宾诺莎)的规范特性。但除了因果和概念的对比,在这一时期还有另一个也许不那么被重视的对比,即我们观念的起源和证成的对比。启蒙主义认识论一直是关于概念性的两种不那么容易共存的观念的发源地。在笛卡尔开启的这一时期,关于认知内容的占统治地位的独特理解的基本概念，自然是**表象**。然而，也存在着一个非主流的语义学传统，它把**推论**而不是表象作为它的主要概念。

斯宾诺莎和莱布尼茨这样的理性主义者，接受了表象概念在解释人的认知活动方面的核心作用。但他们并不打算接受笛卡尔将拥有表象内容处理为不被解释的解释者的策略——仅仅将世界划分为据其本性是进行表象（representing）的东西和据其本性只可以被表象（represented）的东西。与此不同，他们俩都根据表象活动的推论意义，发展出关于一个事物表象另一个事物是怎么一回事的说明。与笛卡尔不同，他们都明确地关注如何能解释某个东西**被**主体**当作**表象活动而理解、接受、对待或运用：即它**对**（to）那个主体或**为**（for）那个主体成为表象活动是怎么一回事情（像笛卡尔说的那样，成为仿佛有关事物的 tanquam rem）。他们的观念是：表象活动超越自身指向被表象的某物的方式要根据表象活动中的**推论**关系来理解。状态和行为是根据在推论中被当作前提和结论而获得内容的。

因此在启蒙运动认识论中，一个大的分歧事关赋予表象概念和推论概念以相对的解释优先性。关于表象的意指（purport）——看上去很像是**关于**某物的性质——英国经验论者比笛卡尔要更加困惑。但在追求从表象内容导出推论关系而不是相反这一点上，他们是清楚的。在这方面，他们属于从表象的正确性——它们被认为是先在可理解的——读出推论正确性的仍然占据统治地位的传统。这就是为什么休谟能将个体的表象内容看作理所当然——除了担心它们怎么能保证归纳推论的正确性——的原因。接下去，后笛卡尔的理性主义者们发展出一种传统，它建立在互补的语义还原的解释次序之上。（因此，康德从这一传统中抽得一条线索，将它们的涉入反事实健全推论看作具有实际内容的经验表象的最根本的东西。）这些**推论主义者**试图根据推论性质来定义表象性质，因此这些推论性质必须是能先行得到理解的。他们由决定什么是什么的**理由**这样一种内容观念开始,将真和表象理解为那些观念——它们不仅被显示于(manifested in)它们的推论作用中而且实际上就**存在**于(consist in)这种作用中——的特征。我其实认为,比起将前康德哲学家分为外延几乎相同的经验主义者和理性主义者来说,将他们分为表象主义者和推论主义者才符合他们思想的更深刻的原则,尽管这里的简要说明使我不能对这一论点加以论证。

三、推论主义与非推论报告

对于那些与观察性质——如颜色——相关的概念来说,关于内容的推论观念至少是明显不恰当的。因为这种概念的独特使用正在于做出**非推论**的报告,如"这个球是红的"。从塞拉斯的杰作《经验主义与心灵哲学》中(正如从黑格尔的《精神现象学》的"感性确定性"一节中),我们学到的最重要的思想之一,就是推论主义的思想:甚至这种非推论的报告也必须推论地加以阐明。没有这一要求,我们就不可能说出非推论的报告者与自动机——如自动调温器与光电池——之间的差别,后者也对刺激具有区别反应的可靠倾向。什么是以下两者之间的重要差别:一方面是当温度降低到华氏六十度时打开火炉的自动调温器,或者在有红色事物在场时被训练说"那是红的"鹦鹉;另一方面是对于那些情境的真正的非推论的报告者?每一种情形都把特殊的刺激划分为一般的种类,即引起某种可重复的反应的种类。当然,在同样的意义上,一块铁也把它的情境分为两种之一:取决于是否用生锈或不生锈来加以反应。说在报告者与可靠对应者之间做出区分的是觉识(awareness),这种说法很容易但也很空洞。在这一使用中,这个术语与理解的观念紧密相关:自动调温器和鹦鹉不理解它们的反应,那些反应对它们不意味(mean)任何东西,尽管它们对我们意味着某种东西。我们可以附带补充一点,这里想要的区分是在仅仅是反应的划分与明确的**概念的**划分之间的区分。那报告者必定,而鹦鹉和自动调温器则不必,具有温度或冷的**概念**。正是在这种概念——某种报告者理解或把握其意义的东西——下的分类,造成了相关的区分。

正是在这一点上,塞拉斯引入了他的核心思想:使一种反应具有**概念**内容,也就是使它在做出断言与给予和索取理由的**推论**游戏中起到一种作用。把握或理解这样一个概念,也就是实践地掌握它涉入其中的推论——在能够区分(一种知道**如何**)的实践意义上,知道从一个概念的运用导出什么以及什么导出了这个概念。鹦鹉不会将"这是红的"当作与"这是绿的"相冲突,也不会把它当作由"这是猩红的"导出并蕴含着"这是有颜色的"。对鹦鹉来说,就可重复的反应并不是在推论和证成因此也不是在做出进一步判断的实践恰当性中被采用而言,它根本就不是**概念**的或认知的事情。

从这种关于概念性的推论划界中,可直接导出这样的结论:一个人要掌握**任何一个**概念,就必须掌握**许多**概念。因为对于一个概念的把握,就在于对于它与其他概念的至少某些推论关系的掌握。从认知角度说,仅仅把握一个概念也就是一个手拍出的声音。另一个后果是:要能**非推论**地运用一个概念,一个人必须能**推论**地使用其他概念。因为除非对它的运用能起到至少前提的作用,从中可以导出推论的后果,否则它就根本不能具备概念的功能。因此,可能存在一种自闭的(autonomous)语言游戏,一种被一个人而没有其他人玩的游戏,完全由非推论的报告所构成(塞拉斯在《经验主义与心灵哲学》中最关注的甚至一个人自己心灵的当下内容的那种情形),这种观念是根本错误的。(当然,这与存在没有理论概念——也就是说,其**唯一**的使用是推论的概念——的语言并不冲突。这里的要求是:要使**任何一个**概念具有报告的用法,某些概念就必须具有**非**报告的用法。)

四、弗雷格论《概念文字》

然而,此刻我的目的不是要去纠缠塞拉斯推荐的关于概念内容的推论理解的**后果**,而是它的**前驱**(antecedents)。想到的最有趣的前辈是年轻的弗雷格。弗雷格或许看起来不大可能是这一推论主义传统的继承人。毕竟,他通常被视为设计出**表象主义**解释次序的当代方式的发明者,这种解释次序,从存在于心理的或语言中的要素与主要是非心理的、非语言的情境中的对象或对象集之间的指称关系或指谓关系的独立观念开始,然后从它们出发,以一种人们所熟悉的方式,首先确定由次语句表象(representings)所构成的语句表象的真值条件,然后再从它们出发,确定根据真值条件的相关集合之间的集合论包容(set-theoretic inclusions)所理解的一种有关推论的好的观念。但是,就将这个二十世纪的叙述追溯到弗雷格——我不确定这是否恰当——是恰当的而言,可能只是开始于十九世纪九十年代的弗雷格。他不是从指称观念而是从推论观念开始他的语义学研究。他的首部重要著作,1879年的《概念文字》,目的就是要澄清"**概念内容**"(begriffliche Inhalt)。限定词"概念"以推论的方式得到清晰的解释:

> 存在两种方式,根据它们,两个判断的内容可能有所不同;它可能是或可能不是这样一种情况:可以从第一个与某些其他判断相结合的判断中所导出的所有推论,总是也能从第二个与同样的其他判断相结合的判断中导出。"在普拉蒂亚希腊人打败波斯人"和"在普拉蒂亚波斯人被希腊人打败"这两个命题,根据第一种方式,而有所不同。即使涵义上的细微区别可以看出,但涵义的一致是主要的。现在我把两者中相同的内容部分叫做概念内容。对于我们的符号语言[**概念文字**(Begriffsschrift)]来说,只有这个才是有意味

的……在我的形式化语言中[BGS]……只是影响可能推论的判断的那个部分,才是被考虑的。一个正确的推论[**正确的**(richtig),通常被误译为"有效的"]所需要的所有东西都要充分地表达出来;但是不需要的东西……则不。①

两个断言具有同样的概念内容,当且仅当它们具有同样的推论作用:一个好的推论绝不可能由于一个断言替换为另一个断言而变成坏的推论。这种明确解释目标——各种语义学理论,包括各种指称理论,都朝向这一目标——的方式被弗雷格的学生卡尔纳普所学得,他在《语言的逻辑句法》中,将一个语句的内容定义为作为它的后果(即可以从它那里推导出来)的无效(nonvalid)语句的类。塞拉斯转而从卡尔纳普那里学得了这一观念,他对这一定义的参照表明了这一点。

与此形成对照的是,弗雷格于十九世纪九十年代开启的那一传统,使真而不是推论在解释次序中具有优先性。达米特就这一转变说道:

> 在这一方面(并且[达米特难以置信地,但却讨人喜欢地急忙补充道]仅仅在这一方面)弗雷格新的处理逻辑的方式是倒退了。他在刻画逻辑的特征时这样说道,虽然所有的科学都把真作为其目标,但在逻辑学中,真不仅仅是目标,而且是研究的对象。然而,对于什么是逻辑素材这一问题的传统回答是,它不是真,而是推论,或者更恰当地说,是逻辑序列(consequence)的关系。这是整个逻辑萧条时期被接受的观点,直到这一主题被弗雷格所复活;这当然是一个正确的观点。②

---

① Gottlob Frege, *Begriffsschrift* (1879), section 3.
② Michael Dummett, *Frege's Philosophy of Language*, New York: Harper and Row, 1973, p. 432.

他接着又说道：

> 它坚持主张，将逻辑描述为对语句特征真的关注而不是对语句间转换特征的关注，不论在逻辑还是哲学中都有极坏的影响。在哲学中，作为有问题的观念，它引导我们关注逻辑的真及其普遍化即分析的真，而不是关注一个陈述是其他陈述的演绎后果的观念；并因此将我们引向包含两种被认为是完全不同种类的真——即分析的真和综合的真——之间的区分的解决方案，如果核心问题从一开始就被认作是有关演绎推论关系的性质的问题，那么这些解决方案就会显得荒谬并且不相干。①

重要的是认识到，年轻的弗雷格还没有迈出这错误的一步。关于这一段，要记住两个进一步的要点：首先，从关注推论转向关注真是一步，而根据先在的原初指称关系理解真是另一步。既然成熟的弗雷格将真当作不可定义的和原初的，即便从十九世纪九十年代的文本中抽取表象主义承诺，也还需要进一步的证据（比较我们时代的戴维森无指称真的观点）。其次，根据推论理解逻辑话题与根据逻辑推论或达米特所说的"演绎推论"来看它不是一码事（我在下面关于推论的"形式主义"部分中会谈到这一点）。下面所提出并被归属给弗雷格的观点不同于达米特这里所认可的观点，而且从当代占优势的观点看，比达米特认可的观点更加令人吃惊。

---

① Michael Dummett, *Frege's Philosophy of Language*, p. 433. 关于这一段我有几点评论：第一，达米特所想到的"逻辑中坏的影响"，包括把逻辑学当作根据其定理而不是其推理关系而被区分开。尽管人们可以用这两种方式的任何一种来处理经典逻辑，但在更有趣的情况下，逻辑学可以有相同的定理但不同的推理关系。第二，与**分析的**（analytic）形成对照的，并不明显是**偶然的**（contingent）：为什么排除了（除比如物理的）非概念必然性的可能性？第三，从历史的角度说，最终断言（closing claim）似乎是错误的。康德已经区分了分析判断和综合判断，而他所关注的明显不是源自对逻辑素材的关心。总之，我引这段文字，因为我认为达米特赞同的重心转换是一个好的转换，尽管他提出的理由需要补充和澄清。

五、实质推论

我们可以追随塞拉斯，把那种其正确性决定了它的前提和结论的概念内容的推论称作**实质推论**。例如，考虑一下从"匹兹堡在普林斯顿的西边"到"普林斯顿在匹兹堡的东边"的推论，以及从"现在看到闪电"到"马上就会听到打雷"的推论。正是概念**西边**和**东边**的内容，使第一个推论是好的推论，**闪电**和**打雷**概念以及短暂性（temporal）概念的内容，决定了第二个推论是恰当的。认可这些推论是把握或掌握那些概念的一部分，完全无关于任何特定的**逻辑**能力。

然而，人们经常将**推论的**阐明等同于**逻辑的**阐明。实质推论因此被看作是一个派生的范畴。这种观点认为，所谓合理的（being rational）——即服从于让希腊人如此困惑并着迷的更好理由的规范力量——可被理解为一种纯粹的逻辑能力。在一定程度上，由于对理由的推论效力与因果的物理效力之间的关键区别的仅仅语言上的草率表述，这一趋势受到鼓励，它把这一区别理解为"逻辑的"强制和"自然的"强制之间的区别。然而，如果**逻辑的**这一概念与这些运用情境——它们将理由的逻辑效力观念限制于形式有效推论的运用后果——一道被使用的话，错误就会跟着产生。作为这种路径之基础的实质承诺，就是塞拉斯所说的"流行的教条是……发现'天下雨，所以街道会潮湿'表达的是一个省略三段式推论"[①]。

按照这一思想路线，任何时候只要一个推论被认可，就是因为相信一种条件句。所以作为例子的推论被理解为隐含地涉及条件句"如果天下雨，那么街道会潮湿"。随着这一"压缩"前提的被提供，这个推论就是

---

① Wilfrid Sellars, "Inference and Meaning," reprinted in *Pure Pragmatics and Possible Worlds*, ed. J. Sicha, Reseda, Calif.: Ridgeview Publishing Co., 1980, p.261.

一个剥离条件句的形式有效框架的例子。这个"教条"表达了对于一种解释次序的承诺,它只是根据其形式把所有推论看作好的或坏的,断言中所包含的内容仅在关涉到(隐含的)前提的真时才是重要的。按照这种处理事情的方式,不存在实质推论这回事。这种设置了必需的隐含前提,将"好的推论"理解为形式有效的推论的观点,可以被称作推论的形式主义路径。它用推论的原初的好与条件句的真做了交换。这种做法就是采用了达米特所抱怨的退步。[它也是刘易斯·卡洛(Lewis Carroll)在"阿基里斯与乌龟"中所引入的问题。]对于被归属的逻辑的把握一定是隐含的把握,因为它只需体现于关于实质推论的好坏区分中,而不需体现于任何进一步操作逻辑语汇或认可包含这些语汇的同义语反复的能力中。但是,归属这种隐含的逻辑能力而不是评估实质推论正当性的能力的解释收益是什么呢?

通过参照他考虑的所有选项,塞拉斯认可的路径得到了最好的理解:

> 关于推论的实质规则的身份,我们被指向了以下六种不同的观念:
>
> 1. 实质规则对于意义(因此对于语言和思想)来说,就像形式规则一样,是至关重要的。它提供了逻辑形式飞拱内的结构的建筑细节。
>
> 2. 尽管对于意义不是至关重要的,但推论的实质规则有一种原初的权威性,它不来自形式规则,但在我们关于事实的思考中起到了不可或缺的作用。
>
> 3. 除了对推论实质规则的承认被看作是思想必不可少的特征之外,与(2)相同,最多是一种方便的事情。
>
> 4. 推论的实质规则有一种纯粹派生的权威性,尽管它们确实是推论规则。

5. 产生有关推论实质规则这些困惑的那些语句只是逻辑有效推论的省略表述。(显然,我们不能不探讨在一个推论和对那个推论的表述之间的区别。)

6. 人们所说的受"推论的实质规则"支配的思想链条其实根本就不是推论,而是模仿推论的被激活的联想,用偷来的"所以"遮盖它们理智的真面目。①

他自己的主张是:通过卷入实质推论,在实质推论中起某种作用,一个表达式具有被赋予的概念内容:"第一个(或'理性主义的')选项是我们所承诺的。根据这一选项,实质转换规则决定了在其逻辑转换规则所提供的框架内,一种语言的多个表达式的描述意义。……在传统语言中,概念的逻辑'形式'以及概念的'内容'都是由理解的规则所决定的。"②

推论主义的解释应该开始于与命题**形式**有关的推论还是开始于与命题**内容**有关的推论? 一个重要的考虑是:形式有效推论的观念是可以从实质正确推论的观念出发,以一种自然的方式来加以定义的,但不存在相反的路径。因为给定一个被赋予特权或以某种方式区分出来的语汇的子集,就那种语汇而言,一种推论可以凭借其形式被当作是好的,只要假设:

它是实质好的推论,并且

它不可能由于在它的前提或结论中以非特权的语汇替换非特权的语汇而变成一个实质坏的推论。

注意,这种形式上好的推论的替换观念不需要与**逻辑**有任何特殊的

---

① Wilfrid Sellars, "Inference and Meaning," reprinted in *Pure Pragmatics and Possible Worlds*, ed. J. Sicha, p. 265.
② 同上书,第 284 页。

关系。如果**逻辑**形式是兴趣所在的话,那么一个人就必须先能区分出作为独特逻辑的某种语汇。做完了这一步,寻找在替换中不变的推论特征的弗雷格式的语义学策略,便提供一个**逻辑**有效的推论的观念。但如果人们将**神学**的(或美学的)语汇挑选出来作为有特权的语汇的话,那么看一看哪些非神学(或非美学)语汇与非神学(或非美学)语汇的替换保留了实质推论的好,就能按照它们的**神学**(或美学)形式挑选出好的推论。按照这一思维方式,推论的**形式的**好来自推论的**实质的**好并根据推论的实质的好得到解释,因此在解释推论的实质的好的时候不应该求助于推论的形式的好。下面来讨论弗雷格的确定独特语言作用的推论主义方式——根据它,语汇具有逻辑的资格。

六、阐释的合理性

至此,我已经简略地提出了两个相关的断言:概念内容是推论的作用,并且对这种内容至关重要的推论一般必须被理解为包括那些在某种意义上是**实质正确**的东西,而不只是那些**形式有效**的东西。我接下去就会论证,对于第二种东西的承诺,不少于第一种,已经在弗雷格的早期著述中找到,尽管它不像塞拉斯所提供的那种发达的形式。但是,在这两个思想家那里,这些观念与一个第三者结合在一起,在我看来它使得这一思想路线特别有吸引力。在其早期的一篇文章中,塞拉斯是这样介绍这一观念的:"苏格拉底的方法有助于使我们在思想和行动中已经接受的规则清晰化的目的,并且我会把我们的判断如 A 因果地必然导致 B,解释为一个规则的表达,这个规则制约着我们的术语'A'和'B'的使用。"[①]塞拉斯将这种模态陈述理解为推论许可,它将推论转换恰当性表

[①] Wilfrid Sellars, "Language, Rules, and Behavior," in *Pure Pragmatics and Possible Worlds*, ed. J. Sicha, 第 136 页注释 2。

述为断言内容。不仅如此，他把这种陈述的功能理解为：用一种可断言的规则的形式，使那些迄今在推论实践中一直隐含着的承诺清晰化。苏格拉底的方法是这样一种方式：通过用一种能让实践面对反驳和不同选择的形式，即可以将实践展示为推论结论——追求在前提（这些前提被进一步当作理由，以及被当作在探察接受它们的后果的进一步推论中的前提）的基础上证成它们——的形式，清晰地表达实践从而将实践置于合理的控制之下。

在刚才所引的这段话中，塞拉斯告诉我们，该事业——我们应该在它之内理解推论许可的独特作用——是一种合理的形式，它以**表达**的观念为中心：以一种可以想到或说出的形式使做中**隐含**的东西**清晰化**。这是一种模糊的和富有成果的断言，但我相信，它概括了一种彻底而独特的洞见。接下来，我希望对它以及它在关于事物的推论主义视域中所起的作用做出说明。我的基本观点是：塞拉斯在"苏格拉底方法"标题下所实行的那种典型的合理过程，取决于用断言的形式使隐含的承诺清晰化的可能。在这个意义上，**表达**它们就是将它们带入给予和索取理由的游戏从而起到某种特殊的作用，即一种作为推论前提和结论的推论作用，由于这一作用，某物具有概念内容。这种合理性不同于，但又明显相关于，那样一种存在于做出恰当推论步骤之中的合理性。甚至后者的那些集权主义版本，例如将所有推论的好都同化于逻辑有效性，或同化于工具的精明（即达到人们所欲之物的效率）的版本，也都取决于是否可能用下面的形式来表达想法：它们可以作为理由被给予或理由为它们所需要。关于我们实践的苏格拉底式的反思，尤其是关于决定思想和信念内容的那些实质-推论实践的反思，更加依赖于它们清晰表达的可能性。

七、弗雷格论逻辑的表达作用

要使关于清晰性的这一观念清晰化，回过去考虑青年弗雷格的推论主义纲领不无裨益。弗雷格《概念文字》的卓越,不仅因为它用推论的语言详细说明它的主题,而且同样因为它如何构思它与那一主题的关系的方式。该著作的工作明显是表达的工作:不是要证明某个东西而是要说出某个东西。弗雷格设计逻辑符号是要表达概念内容,使具有这些内容的任何事物所隐含的推论牵连清晰化。就像早先所引的段落所说的那样:"正确推论所需要的所有东西都要表达出来。"在谈论这一方案时,弗雷格说道:"从一开始,我就想到了内容的表达……但该内容将比口头语言所表达的更加确切……言语常常只是借助非本质的符号或想象来标明概念文字完整说出来的东西。"①概念文字是用来对概念内容加以清晰整理的形式语言。在《概念文字》的序言里,弗雷格哀叹道,甚至在科学中概念都是杂乱构成的,以至于使用它们的人几乎不知道它们意味着什么,不知道它们的内容究竟是什么。当很多特殊推论的正确性富有争议时,这种不清晰就可能排除了对于争议的合理解决。这里需要一种记号,在这种记号中,与数学一起,科学的粗略的概念内容可以得到重新表述,以便使它们的内容得以公开展示。这里的解释目标明确地涉及一种推论,而非一种真;并且这种被涉及的推论是赋予内容的实质推论,而不是派生的形式推论。

弗雷格清楚地将他的方式和诸如布尔(Boole)那些人——他们只是根据形式推论构思他们的形式语言,因此没有表达实质内容——的方式加以对照:

> 科学的方式不能形成概念的理由在于:缺乏所有高度成熟的语言必定由之构成的两个组成要素中的一个。也就是说,我们可以从实质的部分恰当地……区分出形式的部分。算术符号对应于前

---

① Gottlob Frege, "Boole's Logical Calculus and the Concept-Script," in *Posthumous Writings*, ed. H. Hermes, F. Kambartel, and F. Kaulbach, Chicago: University of Chicago Press, 1979, pp. 12–13.

者。我们仍然缺乏的是逻辑黏合剂,它将这些建筑石料牢固地结合在一起。……与此相对照的是,布尔符号逻辑仅仅表现了这个语言的形式部分。①

与之对比,弗雷格继续说道:

 1. 我的概念文字比布尔逻辑有着更为深远的目标,它致力于在与算术的和几何学的符号相结合时,使内容的呈现得以可能……
 2. 不说内容,在纯粹逻辑领域,它也——由于一般性的记号——拥有某种更为宽广的领域……
 4. 它能提供科学中实际需要的概念的构造……②

正是他表达的抱负所延伸到的这一更加宽广的领域,被弗雷格看作是自己方法的独特之处。由于内容被推论所决定,表达的推论将清晰地表达任何一种内容:"对于我来说,进一步将这个公式语言的领域扩展到把几何学包括在内,是更加容易的。我们只是必须为发生于那里的直观关系加上一些符号……这时,向纯粹运动理论然后向机械学和物理学的转化可随之而来。"③

 弗雷格早期关于逻辑的理解,为清晰表达概念内容中隐含之物的观念提供了某些具体内容,它是填充表达的或解释的合理性观念所需要的,这一合理性观念可以与(或也许甚至被发现是被预设的)作为精确表象的合理性观念如作为逻辑有效推论的合理性观念以及作为工具的实践推理的合理性观念相并列。在人们采取这一致命步骤——即达米特

---

① Frege, *Posthumous Writings*, ed. H. Hermes, F. Kambartel, and F. Kaulbach, p. 13.
② 同上书,第46页。(原文缺少"3"——译者注)
③ Gottlob Frege, Preface to *Begriffsschrift* (1879), in *From Frege to Gödel*, ed. Jean van Heijenoort, Cambridge, Mass.: Harvard University Press, 1967, p. 7.

所惋惜的,从将逻辑看作是一种整理推论的尝试到将它看作是寻求某种特殊的真理——之前,弗雷格的目的是要引入一种语汇,它使人们说出(清晰地)如果没有它人们只能做(隐含地)的东西。想想《概念文字》由之开始的条件句,关于它,弗雷格说道:"在可能的判断内容之间【弗雷格的条件句】被精确定义的假设关系,对于我的概念文字的基础,具有外延同一性对于布尔逻辑的基础相类似的意味。"① 我认为,在理解弗雷格《概念文字》方案的独特性方面,怎么评价这一段话的重要性都不过分。毕竟,当代塔斯基的模型理论语义学正依赖于外延之间的关系。弗雷格要说的是,他的独特观念——在终究是现代形式逻辑的基础文献方面——要做些不同的事情。

为什么需要条件句?在引入条件句语言风格之前,一个人可以**做**某件事,一个人可以通过认可包含一个判断的各种推论而拒绝其他的推论,将那一判断当作是有内容的(隐含地将那一内容归属于它)。在条件句语言风格被引入之后,一个人可以**说**,作为断言(某种可以充当推论的前提和结论的东西)的内容的一部分,某种推论是可接受的。一个人能使前件或前提与后件或结论之间的实质推论关系清晰化。因此,按照关于概念内容的推论主义观点,正是这些被隐含承认的实质推论关系,构成了概念的内容,条件句使得这种内容得到了清晰的表达。如果关于推论的好(goodness)有分歧,它使我们有可能说出争论是关于什么的以及以这种或那种方式提供理由。条件句是一种语言风格的范例,它允许人们将推论的承诺清晰化为判断的内容。与此类似,否定式的引入使人们有可能清晰地表达语句间的实质不相容,这也对它们的内容作出了贡献。因此就是这样一幅图画:按照这幅图画,第一,推论的形式有效性是根据实质的正确推论和某种具有特权的语汇来加以定义的;第二,那

---

① Gottlob Frege, *Posthumous Writings*, ed. H. Hermes, F. Kambartel, and F. Kaulbach, p. 16.

个具有特权的语汇被等同于逻辑的语汇；以及第三，使某物成为逻辑语汇一部分的东西是根据它的语义表达作用得到解释的。

关于实质正确推论的作用，弗雷格并不像塞拉斯那么清楚，但从《概念文字》中被抽出的两个观点——即关于逻辑的表达主义与关于内容的推论主义——之间的关系可看出，他对这个观念的承诺是清楚的。关于逻辑的表达主义意味着，弗雷格认为逻辑语汇具有独特的表达作用：使隐含在非逻辑概念的概念内容中的推论清晰化。关于那些概念内容的推论主义意味着将它们等同于它们的推论作用并由它们的推论作用而彼此区别开来。这些观点合在一起表明，先于特殊逻辑语汇的引入，因此先于根据其形式将任何推论等同于好的推论，来谈论推论是融贯的。在对概念内容的推论理解的语境下，一种表达主义的路径预设了非逻辑推论的观念，由于这种推论，概念具有非逻辑的内容。所以，年轻的弗雷格设想了一个实质推论的领域，它将概念内容赋予这些推论所包含的语句。因此，尽管弗雷格并没有提供对于概念的解释，在《概念文字》中，他的表达的、清晰化的方案还是使他承诺了某种东西，这种东西起到了塞拉斯后来用短语"实质推论"所表示的作用。

八、达米特的模型与根岑（Gentzen）

迄今为止，我们引入了三个主题：

概念内容是根据推理中所起的作用而不是只根据表象被理解的；

这种推理能力不能只被等同于对逻辑运算的掌握；以及

除了理论的和实践的推理——这些推理使用了根据它们在实质推论中的作用所构成的内容——之外，还有一种表达主义的合理性，它存在于使隐含的赋予内容（content-conferring）的推论承诺清晰化为可断言的承诺的内容中。按照这种方式，支配并使给予和索取理由的游戏成为可能的实质推论实践，作为讨论和证成的清晰话题，被带入那个游戏之中，并因而被带入意识之中。

62　　在弗雷格和塞拉斯的早期著作中都被发现的这三个主题，提供了一个现代推论主义在其中得以发展的结构的雏形。通过考虑达米特一直推荐的将概念内容看作推论作用的普遍模型，这些观念变得更加明确了。根据那个模型，任何语言表达式或概念的使用都包含了两个方面：正确运用、说出或使用它的**情境**，以及运用、说出或使用它的恰当**后果**。尽管达米特并没有说出这一点，但这个模型根据以下原则，是可以联系到推论主义的：人们通过使用概念或表达式所承诺的内容，可以根据人们由这种使用所隐含认可的推论来表现，这个推论也就是从恰当使用的情境到这种使用的恰当后果的推论。

　　这个模型最初来源于对语句连接词的语法范畴的处理。达米特的两面模型是对一种明确逻辑连接词的推论作用的标准方式的概括，这种方式最终应归功于根岑。众所周知，根岑通过明确引入规则或使用连接词的推论充分条件，以及淘汰规则或使用连接词的推论必然后果，来定义连接词。因此，为界定布尔式合取的表达符号"&"的推论作用，一个人要明确，对 p 做出承诺并对 q 做出承诺的任何一个人，也因此被认为对 p&q 做出承诺，并且，对于 p&q 做出承诺的任何一个人也对 p 和 q 都做出了承诺。第一个图式，借助不包含连接词的表达式，明确了那些情境——在那些情境下，一个人承诺了由包含其推论作用已被定义的连接词（作为主要连接词）的语句所表达的断言，也就是说，蕴含了它们的前提的集合。第二个图式，借助不包含连接词的表达式，明确了承诺由

63　　包含其推论作用已被定义的（作为主要连接词的）连接词的语句所表达的断言的后果，也就是说，它们所蕴含的后果的集合。

九、语句的情境与后果

通过表明这一模型怎样可以从逻辑联结词中概括出来以便为其他语法范畴的语言表达式——特别是语句、谓词和普通名词以及单称词——的意义提供统一处理方式，达米特为关于概念内容的推论主义方法做出了引人注目的贡献。它直接适用于整个语句所表达的命题内容。对于命题内容来说，对应于**引入**规则的是断定它的**充分**条件的集合，对应于**淘汰**规则的是断定它的**必然**后果的集合，即这么做会导致什么。达米特说："于是，学会使用一个形式既定的陈述，涉及学会两件事情：在什么样的条件下人们有正当理由做出那个陈述，以及什么东西构成了对于它的接受，也就是说，接受它的后果。"①达米特用他的模型确定了**使用**语言表达式所具有的两个基本特点，这一点我后面要讲。不过，现在接下来，在前面这些观点的背景下，我把它运用于对隐含的实质推论**内容**——一个概念或语言表达式通过按照这两个"方面"所明确下来的方式被使用而获得了这一内容——的清晰呈现上。以下事实提供了语用意味与推论内容之间的联系：断定一个语句也就是隐含地接受了对于从它的运用情境到它的运用后果的实质推论的正确性的承诺。

这里，理解或把握一个命题内容不是通过打开笛卡尔之灯得到的，而是被当作对于某种推论阐明的做（doing）的实践掌握：根据恰当运用概念的情境做出有差别的反应，以及辨别出（distinguishing）这种运用的恰当推论后果。这不是要么全有要么全无的事情；冶金学家对于**碲**的理解比我要好，因为训练已使他以一种我只能大概粗略知道的方式，掌握了使用它的推论复杂性。清楚地思维也就是知道，通过某个断言，一个人对自己承诺了什么，以及什么使他有资格做出那个承诺。清楚地写作

---

① Michael Dummett, *Frege's Philosophy of Language*, p. 453.

也就是为读者提供足够的线索以推导出，由每一个断言一个人打算承诺什么，以及接受什么会使他有资格做出那个承诺。不能把握这些要素中的任何一个，也就不能把握概念使用所涉及的推论承诺，因此也就未能把握它的概念内容。

无法思考运用的情境和后果导致了明显片面的语义理论。证实主义者、断言主义者以及可靠主义者的错误在于，认为**第一个**方面穷尽了内容。理解或把握一个内容被当作在实践中对于情境的掌握——在此情境下一个人对于一个断言的认可具有资格或做出承诺，而不是对于通过这种认可一个人对什么具有资格或做出承诺的把握。但这肯定是错误的。因为，断言可以有相同的运用情境，却有不同的运用后果，就像"我预见我将写一本关于黑格尔的书"和"我将写一本关于黑格尔的书"那样。我们至少可以严格控制"预见"的使用，以使前一个句子具有与后一个句子完全相同的可断言条件。但是用一个替换另一个会使非常安全的条件句"如果我将写一本关于黑格尔的书，那么我将写一本关于黑格尔的书"转变为有风险的"如果我**预见**我将写一本关于黑格尔的书，那么我将写一本关于黑格尔的书"。我可能被公共汽车撞到的可能性并不会影响对第一个条件句所整理的推论的评价，但却与对于第二个条件句的评价密切相关。

65 　　本章一开始关于塞拉斯运用推论主义观念理解非推论报告的讨论要点在于，鹦鹉和光电管等类似物能可靠地区分概念**红**应该被运用的情境，却并没有因此而把握那个概念，准确地说在这种情形下它们并没有掌握运用的后果——此时它们不可能告诉我们从某个东西是红的推导出它是有颜色的，它不是一个素数，等等。你不可能通过提供给我一个不会出错的 gleeb 试验器——当且仅当面对 gleeb 事物时，它会亮灯——来传递给我 gleeb 概念的内容。在那种情形下，我会知道什么东西是 gleeb，但却并不知道当我称它们为 gleeb 时关于它们我在说什么，关于它们我发现了什么或承诺了什么。达米特提供了哲学上重要概念

的两个例子,在那里记住这一要点是有帮助的:

> 关于某个谓词被正确运用的条件的说明,不论多么精确,都可能因此错失它的意义的重要直观特征,尤其是它可能遗漏我们认为是我们使用那个谓词的关键的东西。因此不可能通过给予谓词"真"一个定义——即便有可能给出一个定义——而必然获得对于真这个概念的哲学说明,因为这个定义可以仅仅在这样一个意义上是正确的:它正确地明确了谓词的使用,然而却让这个谓词与其他概念之间的关联模糊不清。①

甚至更加清楚地:

> 一个很好的例子是被运用于各种形式论证中的"有效"一词。我们可以认为,关于有效性的句法描述就是给出将谓词"有效地"运用于论证的标准,关于有效性的语义描述就是给出这种运用的后果……如果[一个人]受到一种刻板方式的教育的话,[他]或许会认为有关论证的有效和无效的划分就像是将诗歌划分为十四行诗和非十四行诗,因此就不能理解,一个论证是有效的这一事实为如果人们接受了特定前提那么就会接受特定结论提供了根据。我们当然会说,[他]已经错失了区分的要点。②

相比之下,古典实用主义者们犯了一种相反的错误:只把命题内容等同于接受断言的**后果**,从下端看断言作为实践推论的前提所起的作用,忽视它上端的恰当前件。(就当下目的而言,重点放在**实践**后果上问

---

① Michael Dummett, *Frege's Philosophy of Language*, p.455.
② 同上书,第453—454页。

题不大。)然而，某人对于一个特别的行动负有责任，一个行动是不朽的或有罪的，一个评论是真的或品位差的——一个人因为那个理由被认为没有理解这些断言，也可以知道这些断言可以导出什么，即使一个人不知道什么时候做出这些断言或运用这些概念是恰当的。被划为 AWOL（擅离职守）一类，的确很可能有遭逮捕的后果，但是那些具体的情境——在此情境下人们具有那种可能性——对于那概念来说，也同样是至关重要的。

十、"派生"、普赖尔(Prior)、贝尔纳普(Belnap)和保守性

当然，这些片面理论并没有完全忽视它们未当作核心内容的那些方面。达米特写道：

> 大部分关于意义的哲学观察都体现了一种意识到……简单类型的断言：一个语句的意义存在于它的成真和成假的条件，或它的证实方法，或接受它的实践后果之中。这种定论不能被看作如此的幼稚以至于忽视了以下事实，即除了那个被挑选出来的特征——意义存在于这个特征中——之外，还存在着关于一个语句使用的许多其他特征；更确切地说，希望我们能就意义的不同方面之间的联系给出一个说明。一个特殊的方面会被看作是核心的，构成了任何给定语句的意义……那个语句使用的所有其他特征，会由关于它们如何从所谓核心特征派生出来的统一说明而得到解释。①

我认为，对于一般地思考意义理论的结构来说，这一方式是非常有帮助的，但应该注意两点：首先，意义理论的任务是要解释被归属了意

---

① Michael Dummett, *Frege's Philosophy of Language*, pp. 456-457.

义的表达式的使用,这一原则并未批准将意义等同于使用的一个方面。也许意义之于使用就像理论实体之于观察实体一样,后者的古怪行为需要设置前者来解释。我们不需要追随达米特的语义工具主义。其次,一个人可以否认在此意义(sense)上存在着意义(meaning),也就是说,否认一个表达式的使用的所有特征可以从我们关于它所知道的任何方面以统一的方式派生出来。达米特认为,这是后期维特根斯坦的观点。将语言看作在此意义上的混杂物的人,会否认存在着作为理论对象的意义这样的东西(当然,不用否认语言表达式是有意义的)。牢记这些告诫,我们会发现,运用**派生**概念,能为如何看待根据实质推论所阐明的概念内容的观点和为如何看待清晰推论许可的作用——诸如在表达和阐释这些推论时条件句陈述的作用——以及诸如此类的内容,提供一个很有帮助的视角。

对于借助引入和淘汰规则的成对集合来定义逻辑连词的推论作用的特殊情形——这一特殊情形激发达米特提出更宽泛的模型,存在一种特殊的条件,用在两种规则之间的关系上很合适:"在逻辑常项的情况下,我们可以将支配它的引入规则看作就一个它是其主要算子的陈述的断定给出条件,将淘汰规则看作给出这样一个断定的后果:对于它们之间协调一致的需要可表达为这样的要求,即:常项附加在一种语言上,产生了那个语言的保守扩张。"[1]对于这种要求的恰当性的承认,来自对具有"不一致"内容的连词的考虑。正如普赖尔[2]指出的那样,如果我们将一个连词——依照贝尔纳普,我们可以称它为 tonk[3]——定义为具有恰当的析取引入规则以及恰当的合取淘汰规则的话,那么对于任意 q 而言,第一个规则认可了从 p 到 p tonk q 的转换,第二个规则认可了从 p tonk q 到 q 的转换,我们具有他所说的"流浪推论许可证",它允许任何

---

[1] Michael Dummett, *Frege's Philosophy of Language*, p. 454.
[2] A. N. Prior, "The Runabout Inference Ticket," *Analysis* 21 (December 1960): 38-39.
[3] Nuel D. Belnap, "Tonk, Plonk, and Plink," *Analysis* 22 (June 1962): 130-134.

任意的推论。普赖尔认为,这种可能性表明了关于推论作用的根岑式定义的破产。贝尔纳普则表明,当逻辑语汇被引入时,一个人必须用以下条件来约束这种定义,即:规则不许可任何只包含了旧语汇的推论,这些推论在逻辑语汇被引入之前,已经不被许可。也就是说,新规则提供了一种原先推论领域的推论保守扩张。对于避免根岑式定义的麻烦来说,这种约束是必要和充分的。但是对于什么区分出逻辑语汇的表达的说明,为我们揭示了对于这一需求的深层**理由**。之所以需要它,不仅是要避免可怕的后果,也是因为不这样的话,逻辑语汇就不能施行它的表达功能。除非这些引入和淘汰规则是推论保守的,否则新语汇的引入就会认可新的实质推论,因此就会改变与旧语汇相关的内容。因此,如果逻辑语汇要起到使原先的实质推论——并因此使旧语汇所表达的概念内容——清晰化的独特表达作用的话,那么引入逻辑语汇的适当性标准就必须是:没有任何只涉及旧语汇的新推论由此而变得恰当。

十一、"德国佬"以及对推论承诺的阐明

然而,达米特所说的在概念运用情境与后果之间缺乏"协调一致"的问题可以在具有实质内容的概念那里产生。弄清楚它是怎么产生的会进一步有助于理解表达的合理性(expressive rationality)的概念以及逻辑语汇的澄清作用对于概念清晰的贡献方式。因为概念的变化可被

达到或保留语言表达式意义的两个方面之间的协调一致的愿望所激发。一个简单的例子是贬义词,即:"德国佬"("Boche")。对于某些人来说,使用那个词的条件是他是德国国籍;它的使用后果是他是野蛮的、有比其他欧洲人更为残暴的倾向。我们应该正视两个方向的联系,这种联系是充分紧密的以至于融入了这个词的意义中的,它们不可能分离而不改变它的意义。拒绝这个词的某些人之

所以这么做,是因为他们不想承认从使用这个词的根据到这么做的后果之间的转换。将"德国佬"加于原本不包含它的语言中将会产生一种非保守的扩张,即这样一种扩张:在其中,某些不包含这个词的其他陈述可以从不包含它的以前不可推的其他陈述中推出来。①

这一关键段落提出了一些值得梳理的问题。首先,它表明如何可在实质信念基础上对概念加以批评。如果一个人不相信从德国国籍到残暴的推论是好的推论的话,他一定会避免"德国佬"这个概念或语言表达式。因为一个人不可能否认存在任何德国佬,这样做就是直接否认任何人是德国人,这明显是错误的。一个人不可能承认存在德国佬而又否认他们是残暴的,那只是试图用另一个断言撤回他已经向别人承诺过的一个断言。一个人拒绝使用那个概念,根据只能是:它包含了他不认可的推论。

乔纳森·本尼特(Jonathan Bennett)告诉过我,在对奥斯卡·王尔德(Oscar Wilde)进行审判时,起诉人曾朗读《不可儿戏》(*The Importance of Being Earnest*)一书中令人惊讶的段落,并说道:"我告诉你,王尔德先生,这是**亵渎**。是不是?"王尔德正确地做出了他应该做出的回复——实际上,那也是他唯一能做出的回复——假定了这里所给出的思考和概念运用的情境及后果。他说道:"先生,'亵渎'并不是我的用词。"

高度负面的词,如"黑鬼"(nigger)、"婊子"(whore)、"基佬"(faggot)、"情妇"(lady)、"共产主义者"、"共和党人",对于某些人来说似乎是一特殊情形,因为它们将运用的"描述"情境与"评价"后果相配对。但这不是需要仔细推敲的体现推论的唯一一种表达式。任何概念或语

---

① Nuel D. Belnap, "Tonk, Plonk, and Plink," *Analysis* 22 (June 1962): 130-134.

言表达式的使用都包含了对于从它的根据到它的运用后果的推论的承诺。批判的思想家们，或爱挑剔的思想家们，必须审查他们的用语，以确定他们准备认可和因此捍卫隐含在他们所使用的概念中的实质推论转换的恰当性。在理性针对因偏见和宣传而贬值的思想的战斗中，第一个规则是，潜在有争议的实质推论承诺应该被清晰化为断言，让它们既接受理性挑战的检验，又需要提供理性的辩护。一定不能允许它们蜷伏在诸如"人民的敌人""法律和秩序"之类有倾向性的短语之中。

71　　正是在这个过程中，诸如条件句的形式逻辑语汇起到了清晰化的作用。它使将推论承诺表述为清晰的断言成为可能，否则这些承诺就将一直隐含地和未经审查地停留在实质概念的内容中。逻辑的语言风格使展现相关的根据和后果以及断定它们的推论关系成为可能。将隐含在内容中的推论承诺表述为清晰的断言，使它敞开面对挑战和证成的要求，就像任何断言一样。以这样一种方式，清晰的表达式起到了阐明的作用，起到了修饰和改进我们的推论承诺——因此也是我们的概念内容——的作用，简单地说，起到了反省的合理性或"苏格拉底方法"的实践的作用。

但是，如果达米特是在主张**德国佬**（或**黑鬼**）概念的错误在于，它的添加代表了语言其余部分的一种非保守扩张的话，那么他就错了。它的非保守性正表明，它具有实质的内容，在其中它隐含地涉及了一种实质推论，这种实质推论并非已经隐含在被使用着的其他概念的内容之中。撇开逻辑，这不是件坏事情。科学中概念的进步，经常恰恰存在于对这种新颖内容的引入。温度的概念与特定标准或恰当运用的情境以及某些运用后果一起被引入。随着温度测量新方式的引入，以及温度测量的新的理论的和实践的后果的被接受，决定使用温度概念的意义的复杂推论承诺也变了。

评价一个概念的引入和演变时，要问的恰当问题不是具体化地推论是不是一个已经被认可的推论，以致没有真正涉及新的内容，而是是否那个推论是一个**应该**被认可的推论。与"德国佬"或"黑鬼"相关的问题，不是一旦我们清晰地面对赋予这个语词以内容的实质推论承诺时，它变得新颖了，而是此时它可能被当作是不可推论的和不恰当的——一种我们不可能有资格采用的承诺。我们希望对我们概念所涉及的推论承诺有所意识，能够使它们清晰，并能够证成它们。但是，除了表明在引入或修改这里所说的概念之前，我们就已经隐含地对它们做出承诺之外，还存在着证成它们的其他方式。

十二、协调一致与实质推论

即便在将情境与后果的协调一致等同于推论保守性是行得通的那些情形下，保守性的归属也总是相对于一套实质推论实践的背景的，这些实践凭借这里所说的语汇而得到了保守的扩张。保守性只是处于其他概念内容语境下的概念内容的一种性质，它不是概念本身就具有的某种东西。所以可以有成对的逻辑连词，其中每一个自身都没问题，但它们不能被包含在一个一致的体系中。它是有关协调一致的一种奇特理想，它通过概念内容的体系而得以实现，以至于原先隐含在概念的每一个子集中的实质推论都代表了剩余概念的一种保守扩张，因为凡是被认可的只包含剩余概念的推论，也一定已经被只与那些剩余概念相关联的内容所认可。这种系统是理想化的，因为它的所有概念都已经敞开了，没有任何隐藏的剩余要通过由前提导出结论——它们以前从来没有被连接在一起——加以揭示，循着没有发掘过的推理路径，导出人们以前从未意识到自己通过前提的某些集合有资格做出的或承诺了的结论。总之，它是这样一种情形：在那里，苏格拉底式的反思——将隐含的承诺清晰化，审查它们的结论及可能的证成——从不会激发人们去改变内容或承诺。这种承诺和资格的完全透明，在某种意义上是一种理想，这种理想是那种苏格拉底式实践——即通过内容与承诺的彼此遭遇发现当下的内容及承诺不能令人满意,指出每一个我们没有意识到的推论的特点——所投射的。但就像维特根斯坦通常教导我们的,不应该设想我们的图式是这样的,或依赖于类似这样的一套作为基础的内容,因为我们有义务改变一切我们发现有缺陷的特别方式。

存在着一些理由支持上面这段话所传达的主张,即推论保守主义是"协调一致"概念的必要条件——一种并不"连接"("tonk up")概念图式的条件。在脚注中,达米特清晰地否定了一般意义上的保守性能被当作协调一致的充分条件:"这并不是说,所要求的协调一致特征总是容易解释的,或者总能根据保守扩张的概念对它加以说明……最困难的例子或许是有关人格同一性的伤脑筋的问题。"①在另一处,有关人格同一性的评论展开得更加详细:

> 我们有合理的精确标准,在通常情形下我们运用这些标准来决定人格同一性的问题;并且也存在着相当清晰的后果,它们以这样或那样的方式附在这种问题的解决上,也就是与责任——不论是道德的还是法律的——归派,与一个人所拥有的权利和义务相关的那些后果……更加困难的是给出下面两者之间关联性的说明:关于人格同一性陈述的真的标准和运用它的后果。我们可以很容易地想象,一些人使用不同于我们的标准……准确地说,使他们使用的关于人格统一性的标准成为标准的东西就在于,他们在有关责任、动机等方面,对他们的人格同一性陈述附加了我们对我们的陈述所附加的同样的后果。如果存在一种清楚的方法,在某种程度上从它的真的标准导出陈述后果的话,那么在这些人与我们之间的不同就具有事实分歧的特性,一方能向另一方表明错在哪里。如果不存在真的根据与后果之间的关联的话,那么我们之间的分歧就只停留在

---

① Nuel D. Belnap, "Tonk, Plonk, and Plink," *Analysis* 22 (June 1962), p. 455n.

对于不同概念的偏好上,在这里根本不存在对和错。①

达米特认为,关于表达式或概念运用的情境和后果应该组合起来的方式,存在一个一般的问题。在使用的这两个方面,某种"协调一致"似乎是需要的。他似乎是要说,麻烦的事情在于,所需的协调一致既不能轻易地归于事实的强加,也不能归于随意挑选的意义的要求。但是这些选择——事实的事情,或观念、承诺信念的表达式或承诺意义的表达式的关系——并不像《经验论的两个教条》的读者倾向于认为的那样,是穷尽的。

达米特在这里所求助的完整事实问题的观念是这样一种观念:按照这种观念,一个概念的可运用性直接由其他概念的运用来解决——它们明确了决定包含原来那个概念的断言的真值条件的充要条件。根据作为充要条件的概念内容的模型所设想的这个观念,似乎需要一个概念图式,它按照上面所提到的方式,具有理想的透明性,它免于苏格拉底式的批判。因为那个观念坚持主张,这些条件在以下方面是一致的:共同的充分条件已经蕴含了个体的必要条件,以至于如这里所推荐的那样,谈论作为真值条件的内容而不是聚焦于实质推论承诺——将充分条件与独特的必要条件联系在一起——才是有吸引力的。与这种非此即彼相反,在概念内容通过推论阐明的承诺和资格的结构得到把握而被赋予表达式的这幅图景中,实质推论承诺是包括实质信念承诺(material doxastic commitments)在内的任何一揽子实践的必要组成部分。

运用非逻辑概念的情境和后果可存在于真实的实质推论关系中。询问它们应该展示什么样的"协调一致"也就是询问,我们应该许可什么样的实质推论,以及因此我们应该使用什么样的概念内容。这不是我们应该期待或欢迎一般的或批发的答案的那种问题。根据我们的断定承

---

① Nuel D. Belnap, "Tonk, Plonk, and Plink," *Analysis* 22 (June 1962), p.358.

诺,包括那些我们自己经观察而非推论地发现的承诺,来梳理我们的概念以及实质推论承诺,以及根据后者来梳理前者,是一种复杂困难的零售生意。

达米特认为,意义理论应采取一种对我们应该使用的概念之运用情境与后果之间的"协调一致"性质加以说明的形式。如果我们现在提升关注的层次,将关于运用情境与后果之间关系的这些考虑运用于我们用来表达语义理论的元语言中所使用的概念内容的话,那么重要的将是:我们不应该期待那样一种理论——它采取了一种形式以确定一个概念运用的情境和后果的充要条件是协调一致的。因为它预设了,**协调一致**概念运用的情境和后果本身并不处于真实的实质推论关系中。相反,就有关语义的或推论的协调一致的理论观念是有意义的而言,它一定是采取了对正在进行的阐释过程加以考察的形式、发现和修改不协调一致概念的"苏格拉底方法"的形式,它独自为协调一致概念提供所有内容。正是通过使承诺协调一致化的过程——它从这个过程中被抽取出来——它被给予了内容。按照塞拉斯对表达合理性的刻画,模态断言被分配了推论许可的表达作用,它使在先前起作用的概念内容的使用中所隐含的承诺清晰化了。这种规则为未来实践确定了根据,也对它们对先前所整理的实践所具有的资格以及对随附的推论的和信念的承诺所具有的资格承担了责任。依照这种方式,它们或许相似于习惯法的法官所表述的原则,既意在对先前的实践加以整理——它们为先例所代表,作为规则清晰表达了隐含在那里的东西——又意在成为调节随后实践的根据。使实质推论清晰化的表达任务,在使我们的承诺彼此协调一致的反思的合理的苏格拉底式的实践中,起了根本的作用。使一个承诺变得清晰起来,也就是将它置于给予和索取理由的游戏中,作为某种其证成——根据其他承诺和资格——处于质疑之中的东西。任何我们通过介入这种反思的、合理的过程所要达到的有关承诺的推论协调一致的理论,在它应该被赋予任何权威之前,其可靠性凭证都必须来自它对于那种实践的表达恰当性。

十三、从语义学到语用学

在这一章的第一部分,我引入了三个相关的观念:

对于概念内容的**推论的**理解;
有关**实质**好的推论的观念;以及
表达的合理性的观念。

它们分别对照于:

完全根据关于事态的**表象**模型理解内容(我想我已经设法在这里就概念内容谈了很多,却完全没有谈这些内容所表象的是什么);
完全按照**形式**有效性的模型理解推论的好(goodness);以及
完全根据**工具**的或手段-目的的模型理解合理性。

在这一章的第二部分,这些观念在与达米特提出的再现推论作用——根据表达式或概念的恰当运用情境以及这种运用的恰当后果——的关联中被加以思考。正是在这些观念的背景下,我寻求提供一种有关逻辑以及它与合理性构建实践的关系的**表达**的观点。那个观点提供了一种希望:恢复关于**逻辑**研究自苏格拉底式开端以来一直处于**哲学**核心的那些方案的直接意味。

第二章
行动、规范及实践推理

一、某种背景

在这一章中,对应于标题的三个要素,我打算做三件事:

对明确识别**规范**语汇的表达作用加以解释。也就是说,说明什么是这种语汇的澄清工作。这么做也就是说出"应该"(ought)意味着什么。

介绍一种关于**实践推理**的非休谟式的思考方式。

提供一种将**意志**当作实践推理的理性能力的广义的康德式的说明。

我的想法是通过以下方式做到这一点:通过对行动中的语言输出转换与知觉中的语言输入转换之间结构相似性的发掘,表明如何可将合理意志理解为在哲学上并不比我们注意到红色事物的能力更加神秘。

实践推理常常导向行动,因此很清楚,在我的标题的两个要素之间存在一种内在关联。但人们可能感到疑惑:为什么是行动和**规范**?让我们先从某些背景说起。在思考这些事情(如同许多其他事情一样)时,先来看看康德——我们所有人的伟大而充满智慧的母亲——是一个聪明的开始。因为我们处在一个由大量基本概念的变化所带来的特别荣幸的位置上,这一变化是如下替换的结果:将对笛卡尔式的确定性的关注替换为对康德式的必然性的关注——也就是说,将对我们掌握概念的关注(它是清楚的吗?它是分明的吗?)替换为对概念掌握我们的关注(这一规则约束着我们吗?它适用于这种情形吗?)。康德的伟大观念是:将判断和行动与只是自然创造物的反应区别开来的,既不是它们与某些特殊材料的关系,也不是它们奇特的清晰性,而毋宁是:它们是我们以一种独特的方式对之负有**责任**的东西。它们表达了我们的**承诺**,就我们对于这些承诺的**资格**总是潜在富有争议的意义而言,承诺是我们对之承担责任的;就证实相应资格是为它们提供**理由**的意义而言,承诺是**理性**的。

康德的另一个伟大观念——将**判断**看作经验的最小单位——是上述第一个思想的结果。他继承的逻辑从关于**词项**(分为单称词和一般词项)的学说开始,继而到**判断**(根据就一个单称词断言一个一般词项而被理解)的学说,再到**后果**或推论的学说。康德从判断开始,因为那是我们能对之**负责**的最小单位。(这一思想被弗雷格所接受,他以语用效力可以附着其上的那些单位为起点;同时也被维特根斯坦所接受,他关注的是那样一些最小的语言表达式,它们的言说是语言游戏中的一步。)正是在这一标题下,判断被同化于行动。然后,康德的第三个观念是将判断和行动理解为**概念**的应用。他通过把概念理解为决定认知者和能动者**对之负责**的规则——它们向自身承诺的东西——而做到这一点。

我是根据我在《使之清晰》①一书中所开发的用语来讨论我的标题中的三个主题即行动、规范以及实践推理的。首先,我是在我在那本书中所说的**规范语用学**的语境中工作的。明确地,我把话语实践看作道义计分(deontic scorekeeping):言语行为的意味在于它如何改变了一个人归属和接受的承诺和资格。我也在**推论语义学**语境中工作。也就是说,话语承诺(首先,是信念承诺)是通过它们具体的推论阐明而得以辨明的:什么被当作它们的证据,它们使我们承诺了其他什么,在排除资格的意义上,它们与什么其他承诺是不相容的。这是有关什么使所讨论的规范成为特定的**概念**规范的一种解读。总的思想是:合理性——它

---

① Robert B. Brandom, *Making It Explicit*, Cambridge, Mass.: Harvard University Press, 1994. 这里所呈现的思想,在那本书的第四章的第二部分有更详细的讨论。

使我们有资格成为**智识者**(sapients)[不只是**感受者**(sentients)]——可以被等同于提供和评价、生产和消费理由的社会的、隐含着规范的游戏的参与者。

更进一步,我赞同关于**逻辑**的**表达**观点。也就是说,我把明确识别逻辑语汇的独特作用看作是以断言的形式,使给予和索取理由的游戏特征清晰化,凭借这些特征,一些非逻辑语汇起到了它们所起的作用。其范型就是**条件句**。在引入这一语言表达方式之前,一个人能**做**某些事情,即认可一种推论。在引入条件句之后,一个人现在能够说,那个推论是个好的推论。条件句的表达作用就是用断言的方式,使原先在我们识别某些推论为好的推论的实践中所**隐含**的东西**清晰化**。

只是在一般的给予和索取理由的实践——也就是做出和捍卫**断言或判断**的实践——语境中,为**行动**给予和索取理由才是可能的。因为给予理由总是表达了一个判断:做出一个断言。因此,实践推理需要有信念[信念承诺(doxastic commitments)]为前提。就获得实践道义身份的**后果**来说,它表现在命题(可断言的)内容在明确**成功**条件时所起的重要作用中,也就是说,什么会被当作实现有关行为的承诺。形成将一个球放进一个框中的意向(接受一个承诺)需要知道什么是将一个球放进一个框中——那个意向要想**成功**,什么必须是**真的**。这是关于解释的**自主性**(explanatory *autonomy*)的要点:我主张,一个人可以解释信念在理论推理(从断言到断言的引导)中的作用而不必求助于实践推理,而我不相信,一个人可以反过来行事。

二、路径

我现在草草描述的有关行动的处理方式,受到三个老生常谈以及两个更加有趣的观念的促发。首先,信念对于无论是我们所**说**的还是我们所**做**的,都造成了差别。我们认可其他人从我们的清晰断言和我们的公开意向行动推出我们的信念（或如我喜欢说的，我们的信念承诺）。其次是安斯康姆和戴维森①教给我们的一课（现在已广为人知）。行动是在某种特定情形下的有意向的举动②。举动是真实**被做**的事情，即便在许多特定情形下，它们并**不是**有意向的。所以，通过触动开关来警告窃贼是我的行动之一，即便我并没有这么做的意向，因为触动开关有另一种描述，即"开灯"，在这种描述下，它是有意向的。再次，伴随的观念是，至少有一种方式使一个特定的举动可以被选定为有意向的举动，那就是：通过扮演一种实践推理的后果，展示了行动者产生那个举动的理由。

戴维森的新颖想法是用根据**信念**和**支持态度**（典型的如**愿望**）来理解的基本**理由**取代**意向**。与之不同，我的基本观念是用对应于**信念**和**意向**的规范身份和态度作为开端。我会尝试根据那些信念和意向，来解释由**规范语汇所表达的愿望**以及更加一般的支持态度。我的想法是，存在着两类话语承诺：认知的（或信念的）以及实践的。后者是对**行为**的承诺。对于第一种承诺的承认对应于**信念**；对于第二种承诺的承认对应于**意向**。第一种是当真（taking-true），第二种是使真（making-true）。就二者在根本上是在推论中被阐明而言，实践承诺和信念承诺是一样的。它们既处于自身的推论关系（无论是手段-目的，还是不相容性）中，也处于对信念承诺的推论关系中。

促成目前这一解释的第二个基本观念是：在对实践承诺的承认与意向行动所引起的事态之间的非推论关系，可以根据对信念承诺的承认与由具有概念内容的**知觉**所引出的事态之间的非推论关系的类比而得以理解。

---

① G. E. M. Anscombe, *Intention*, Oxford: Blackwell, 1959; and Donald Davidson, originally in "Actions, Reasons, and Causes," reprinted in *Actions and Events*, New York: Oxford University Press, 1984.
② 这并不必然是一个**描述**，至少如果那个范畴被狭义地理解的话。因为，就像本章的第五节将显示的，重要的是，这里所说的具体情形可以包括**指示**的（demonstrative）和索引的要素。

1. 观察(话语**输入**转换)依赖于——通过承认某些种类的承诺,也就是说,通过采取某些道义态度并因此改变计分——对不同种类的事态做出有区别的可靠回应的倾向。

2. 行动(话语**输出**转换)依赖于——通过引出不同种类的事态——对承认某些种类的承诺,即接受某些道义态度及其计分的随后改变,做出有区别的可靠回应的倾向。

详细阐释第一种观念(模仿有区别地回应清晰承诺的信念来谈意向)涉及对在什么意义上实践的理由是**理由**的审查;详细阐释第二种观念(模仿知觉来谈行动,模仿话语输入来谈话语输出)涉及对在什么意义上实践的理由是**原因**的审查。正是这后一个观念,使得**因为**理由而行动(acting *for* a reason)与仅仅**具有**理由而行动(acting *with* a reason)之间的区分——对戴维森来说,这一区分至关重要——变得有意义。

用话语实践的道义计分模型的术语来说,这个观念就是,**意向**之于**理由**正如**承诺**之于**资格**。随之而来的观念是,按照这个模型,当戴维森说"具有某种意向而行动(acts with a certain intention)的人也就是因为理由而行动(acts for reason)"时,他错了。因为正如一个人可以接受信念的或理论的承诺但对这些承诺并没有理由所赋予的资格一样,他也可以接受实践的承诺但对这些承诺并没有理由所赋予的资格。使一个举动成为**行动**的,是它对于实践承诺的承认,或产生于对这种承认的可靠的有区别的回应倾向的运作。这个承认本身不需要作为对承认其他承诺——这些承诺作为赋予-资格的理由,推论地与它相关——的回应而产生出来(尽管它**能**如此被得出,对于它作为对实践承诺的承认**是**极其重要的)。

三、实践推理的三种类型

根据它们对于信念和意向的关系来理解由更加一般的规范语汇所

表达的愿望以及支持态度的尝试策略——取代由信念和愿望开始的、更加正统的休谟和戴维森的策略——要求以某种不同的方式来思考实践推理。考虑一下下面三种实践推理：

α. 只有打开伞，我才不会淋湿，所以我要（shall）打开我的伞。

β. 我是一个上班的银行雇员，所以我要（shall）打领带。

γ. 传播流言蜚语会在无意中伤害某个人，所以我不要（shall）传播流言蜚语。

这里，"要"（shall）一词被用来表达作为承认实践承诺的结果的意味。["将"（will）被相应地用来表达对一个预言的信念承诺。]

戴维森的方法把这些视为省略的三段论形式，其缺失的前提可以由如下的某种东西来填充：

a. 我想（意欲、倾向于）不被淋湿。

b. 银行雇员有义务（或被要求）打领带。

c. 无意中伤害某人是不对的（或是不应该的）。

（正统的当代休谟主义者会坚持认为，即使补充了 b 和 c，后面两种情形中，还是有些东西丢失了。关于这一思想，回头再说。）

这一省略三段论式论点，在实践推理一方，与坚持理论推理通过加入条件句而 ˢ完成ˢ① 的观点——它断言了所涉及的实质推论的正当性，并把这一步骤转换为**形式上**有效的东西——是平行的。塞拉斯教导我们，那一步骤是非强制的。我们不必通过提供包含逻辑语汇的隐含的或压缩的所需前提，根据其形式而将所有正确的推论当作正确的。相反，我们可以将诸如从"匹兹堡在费城的西边"到"费城在匹兹堡的东边"，或

---

① 这就是《使之清晰》一书的作者如何使用他谨慎界定的 ˢ提示性引号ˢ（ˢscare quotesˢ）说法的方式。关于它们表达什么的清晰理论，可以在那本书的第 545—547 页找到。观点大致是，通过使用这种引号，说出那个句子的那个人就为所做的那个断言**承担**责任，但是仅仅将用这些词来具体说明那个断言是一种好的方式这样的责任**归属**给某个他人。这样理解的话，那么这种引号装置就是对命题态度的**从物**归派（de re ascriptions）的逆向，正如本书第五章所解释的那样。

从"天下雨"到"街道潮湿"之类的推论看作**实质上好的**推论——也就是说,是这样一些推论:它们是好的,乃是因为它们的**非逻辑语汇的内容**①。我主张,在思考实践推论时,采用这种非形式主义的策略。

这么做的一个理由在前一章中已经谈到过:**形式上有效的**推论概念,可以用自然的方式,由**实质上正确的**推论来加以界定。这一想法是:挑选出那个语汇的某个特殊子集,然后观察当所有其他语汇被替换时仍然保留不变的推论的特征。用这种方式,那个被当作固定的特权化语汇便界定了**形式的**概念。在此意义上,一个推论就形式而言是好的,就在于它是一个实质上好的推论,并且通过对应于用非特权化语汇代替非特权化语汇的替换转换,不会导致一个实质上坏的推论。如果定义形式的固定语汇是**逻辑**语汇,那么其恰当性在这种替换下保持不变的那些推论,便根据它们的**逻辑**形式而是好的。按照这种替换方式,**逻辑上好的**推论概念,是根据先前实质上好的推论概念而得到解释的。

这种说明与标准的解释顺序相对立,后者只是根据其形式,将所有的推论当作好的或坏的,它们所包含的断言内容只是对于(隐含的)前提的真才是重要的。按照这种处理事物的方式,没有实质推论这种东西。这种将"好的推论"理解为意指"形式上有效的推论"的观点,设定了所需的隐含的前提,或许可被称作关于推论的**形式主义的**路径。它用推论的原初的好与条件句的真做了交易。我在这里不是要说,人们**不能**用这种方式来谈论。问题只是在于,人们不**必**用这种方式来谈论。

如果一个人拒绝了形式主义的解释顺序,那么关于条件句断言——诸如"**如果**匹兹堡位于普林斯顿的西边,**那么**普林斯顿就位于匹兹堡的东边"——的作用,他应该怎么说呢?这里的主张是:尽管不必添加条件句作为清晰的前提,以认可从其前件到后件的推论,然而它们——以

---

① Wilfrid Sellars, "Inference and Meaning," reprinted in *Pure Pragmatics and Possible Worlds: The Early Essays of Wilfrid Sellars*, ed. J. Sicha, Reseda, Calif.: Ridgeview Publishing, 1980, pp. 257–286.

断言的形式——有助于使原本仅对推论的实质恰当性的隐含认可清晰化。在我们引入条件句之前,我们可以**做**某事情,也就是说,将某些实质推论当作正确的。一旦我们有了那些逻辑语言风格的表达力,我们就能够**说**它们是好的。关于逻辑的表达主义路线将条件句看作是以断言的形式,使隐含的实质推论承诺清晰化——但并**不**要求使那些被它们清晰化的推论成为**好的**推论。的确,按照这种观点,起到这种清晰化的表达作用,也就是将某种语汇识别为独特的**逻辑**语汇。

四、实践推理的实质特性

我想把

A. $\dfrac{\text{天在下雨}}{\therefore \text{我要打开我的伞}}$

看作像

B. $\dfrac{\text{天在下雨}}{\therefore \text{街道会湿。}}$

一样,并认为它们两个**都不是**省略的三段论。

戴维森主义者会回应说,我们应该看到,第一种情形下所提供的理由是不完整的,因为如果我不想不被淋湿的话,这个推论会不成立。但是我认为,我们实际知道的不如说是:如果我有一个**相反的**愿望,比如说,吉恩·凯利想在雨中唱歌和跳舞所以想被淋湿,那么这个推论会不成立。但添加一个与不被淋湿的愿望不相容的前提会否定这一推论(使之成为一个坏的推论)的事实并不表明,那愿望始终作为隐含的前提发挥着作用。只有当所涉及的推理是**单调的**(monotonic)时候,也就是说,只有当从 p 到 q 的推论是一个好的推论这一事实意味着从 p&r 到 q 也一定是一个好的推论的时候(因此,后者不是一个好的论证的事实决定了前者也不是一个好的论证),才会存在那个结论所说的情形。

但实质推论一般不是单调的——即便从理论的角度来说。它在特殊情形下可以是单调的,比如说,在数学和基础物理学中。但在通常的推理中,它绝不是单调的,并且在特殊科学中也几乎不是的(比如在临床医学中,推理绝对是非单调的)。考虑一下在下列条件句中被整理的论证:

1. 如果我划这一干燥、品质精良的火柴,那么它就会被点燃。(p→q)

2. 如果 p 且火柴在一个非常强的电磁场中,那么它就**不**会被点燃。(p&r→~q)

3. 如果 p 且 r 且火柴在一个法拉第笼(Faraday cage)中时,那么它就会被点燃。(p&r&s→q)

4. 如果 p 且 r 且 s 且房间被抽空了氧气,那么它就**不**会被点燃。(p&r&s&t→~q)

我们实际从事的推理总是允许构造具有像这样的摇摆结论的推论等级的。关于逻辑的某种形式主义者,因为崇高理论的原因,会坚持认为,实质推论**必须像形式推论一样**,是单调的。在来回论辩的这个关键之处,这类**单调的形式主义者**会求助于其他因素保持不变(*ceteris paribus*)这样的子句。我不想断言,求助这类子句("其他因素保持不变")是不融贯的或愚蠢的。但我们必须小心注意我们怎么来理解它们所起的表达作用。因为它们不可能(我想说,"原则上")被兑现;它们的内容不可能借助一系列附加命题的形式而得以清晰化。它们不是我们费时费事**能**说的某种东西的速写。问题不只在于我们需要一个有关被排除条件的**无穷的**名单——尽管那是真的。问题是这个名单的成员会是**无穷的**:我们不知道如何事先确定哪些东西属于这个名单。如果我们试图通过**一般的**刻画来解决这个问题,我们所获得的东西就等于说"其他因素保持不变,q 来自 p"意味着"q 来自 p,除非存在某种**弱化或干扰的条件**"。但这也就是说,q 来自 p,除了那样一些情形:因为某种理由 q 不来自 p。

我主张，其他因素不变从句应该被理解为清晰地标识着推论的非单调性，而不是被当作魔术般地**消除了**它的非单调性的解围之神（deus ex machina）。前面的实质推论（1）事实上是个好的推论。但是如果一个人想清晰地承认，即便如此，它仍可以构成具有推论（2）（3）（4）之类形式的推论的摇摆等级的基础的话，那么他可以通过这样的重新表述做到这一点：

1′. 如果我划这一干燥、品质精良的火柴，那么，其他因素不变，它会被点燃。

像它们的理论同道一样，**实践推理**的实质正当性是非单调的。因此这一事实——如果我加上"我想被淋湿"作为前面推论（A）的第二前提的话，那么作为结果的推论就不再有效（也就是说，会是一个坏的推论）——并**不**表明，那个前提的**否定**已经隐含在那里了。只有当实质推论是单调的时候，情形才是这样的。出于这一理由，在这一意义上，我倾向于认为，那种有关实践推理（下面还会更多地说到它）的还原式的休谟主义——推荐合理选择理论为一种普遍地包罗万象的理由的理论——是建立在错误的逻辑哲学基础上的。就像我们会看到的，在任何情形下，都有可行的另外途径。我们可以把实践一方的愿望声明的表达作用当作类似于理论一方的条件句的表达作用：不是作为**前提**而起作用，而是作为使允许这一转换的**推论**承诺清晰化而起作用。

五、规范语汇的表达作用

在此背景下，我可以这样陈述我的基本论点：规范语汇（包括偏好表达式）使对于**实践推理**的**实质**恰当性的认可（被归属的或承认的）清晰化了。规范语汇在**实践**一方起到了**条件句**在**理论**一方所起到的同样的表达作用。

我的观点是,在(a)(b)(c)中所使用的明显的规范或评价语汇("偏好于""有义务的"以及"应该")——按照戴维森的理解,它们表达了在将(α)(β)(γ)中作为前提的不完整的理由转变为完整的理由方面所必需的支持态度——被用来以一种可断言的、命题的形式使对于实质的实践推论**类型**的认可清晰化。推论的不同类型应该被理解为与不同种类的规范或支持态度相对应。

例如,一个将(α)接受为保留资格(entitlement-preserving)的归属者,同样也会接受

α′. 只有站在雨篷下我才不会被淋湿,所以我要站在雨篷下。

α″. 只有待在车里我才不会被淋湿,所以我要待在车里。

以及具有这种身份的很多类似的推论。这么做也就是隐含地归属了一种不被淋湿的偏好。(注意,因为愿望是可以竞争的,它们为行动提供的只是初步的理由。然而,承认实践推理的非单调性已经为推理的这些特点做了准备,这些特点通常是通过引入这种观念而得以处理的。)

银行雇员打领带的规范、规则或要求,使上班成为银行雇员打领带的理由。认为存在这样的规范或要求,也就是认可一种实践推理的类型:对于银行的任何雇员来说,(β)是一个好的推论。这一推论类型在两方面不同于(α)所展现的类型。首先,对于把(β)视为一个好的推论的每一个对话者而言,无需一组对应于(α)(α″)(α′)的其他推论。相反,将存在诸如以下的相关推论:

b′. 我是一名要去工作的银行雇员,所以我不要穿小丑的服装。

b″. 我是一名要去工作的银行雇员,所以我要梳理我的头发。

但这些推论不是凭借在(b)中变得清晰的规范而被许可的,而仅仅是通过与同样的社会制度化身份(作为一个银行雇员)相关联的其他规范而被许可的。

其次,计分者会把(β)当作对任何对话者 A 来说都是好的推论,以至于计分者**接受了**对于 A 是一个银行雇员这一断言的信念承诺——与

归属一个愿望或承认一个承诺相反。这里,隐含地为推论作担保的规范与具有某个身份——作为银行雇员——联系在一起,而不是与展现某种愿望或倾向联系在一起。一个人是否有好的理由打领带,仅仅取决于他是否拥有这里所说的某个身份。这一类型——在这里,重要的是,计分者对于 A 具有那一身份的承诺的接受,而不是 A 对那一承诺的承认——对应于"对于行动而言的好的理由"(根据计分者)的**客观的**意义。在此意义上,A 准备去工作可以是 A 打领带的好的理由,即便 A 对此并不欣赏。(比较以下这种意义:在此意义上,一个人作为报告者的可靠性可使一个人对于一个断言拥有资格——在计分者看来——即便他并没有意识到他是可靠的,从而没有意识到他的资格。)

对于(γ)所代表的那种实践推理的认可——由(c)以规范原则的形式加以整理——对应于一种推论的承诺,这种推论承诺展现了不同于那些包含在(α)或(β)中的类型。因为把(γ)视为对 A 保留资格的计分者,也把它视为对**任何人**保留资格,不考虑意欲或偏好,也不考虑社会身份。

这些**审慎的**(或工具化的)、**制度化的**以及**无条件的**规范(由相应的"应该"加以清晰化)只被当作三个有代表性的种类,并不是一个包罗一切的名单。但它们表明了不同种类的规范如何对应于不同类型的实践推理。我的观点是,在我的表达的意义上,规范语汇是一种**逻辑**语汇:它的表达功能就是要使推论承诺清晰化。

将一个实践推论认可为保留资格的,也就是将信念的前提看作为实践的结论提供了理由。展示一个其结论是某种意向的好的实践推理也就是展示:那个意向以及它所引起的行动(如果有的话),根据前提中所展示的承诺,是**合理的**(rational),有道理的(reasonable)。因此,使这里作为例子的那些实践推理清晰化的**所有**"应该"(ought)、审慎的"应该"、制度化的"应该"以及无条件的"应该",都是不同类型的**合理的**"应该"。不存在任何先天的理由将所有这些"应该"同化为任何一种形式——比如:审慎的(休谟式的集权主义)形式,像最大化合理性的理论家[如高梯（Gauthier）]所做的那样。再回想一下：由审慎的或制度化的理由所提供的资格，并**不**需要得到归属者的认可；就像戴维森所指出的那样，我们不需要将行动者（agent）的理由当作**好的**理由。

从关于实践推理类型（我不想说它们是完整的）的这一具体考察的观点看，休谟主义者或康德主义者的行动理由概念都太过严格。他们都追求一种削足适履式的解释次序：

休谟主义者把行动的所有理由同化为**第一种**类型。因此，休谟主义者会认为，像(β)和(γ)这样的推论是不完整的，即使增加了前提(b)和(c)。

康德主义者把行动的所有理由同化为**第三种**类型。

休谟主义者否认单纯的义务或承诺可以为行动提供理由，除非伴随着实现它们的某种愿望。而康德主义者否认感性的倾向（*sinnliche Neigung*）可以为行动提供理由，除非伴随着对某种相应的义务或承诺的承认。

六、合理的意志

当我们把这三个观念结合在一起时，一幅合理的意志的图画就会出现：

意图（intending）的信念模式——以信念承诺为模式来构建实践承诺的观念；

将作为前提的信念与作为结论的意向关联起来的实践推理图景；以及

以作为话语输入转换的知觉为模型，建构作为话语输出转换的行动。

重要的是记住，首先要承认，实践的承诺**不是**按照**做出许诺**而是按照**做出断言**①的模式而被理解的。特别是,承诺不是对任何特别人的承诺,一个人可以在任何时候改变他的想法而根本不受到惩罚。在这两个方面,对应于意向的实践承诺都更像是信念的承诺而不像是许诺。但是当承诺**是**有效的时候,它就有了后果:通过手段-目的推理和对实践不相容的考虑,对于其他实践承诺(并因此对实践承诺的资格)的后果,以及对于信念承诺(并因此对信念承诺的资格)的后果。计分者得到许可,不仅从我们的言语行为中,也从我们的意向行动(当然,是语境中的)中,推出我们的信念。

有理由的行动(acting with reasons)也就是对一个人的实践承诺是**有资格的**。拥有这一身份,对于自己和他人来说,都是可理解的。这一身份可以通过提供一段恰当的作为样本的实践推理(它不需要实际上已经先于这里所谈论的承认或施行)而得到证明。那一段实践推理解释了一个人**为什么**做他所做的事:他具有什么样的**理由**。这意味着,在特殊情形下,一个人可以有意向地行动,但却是没有理由的。但是,对具有命题内容的实践承诺的承认能力,将仅仅被归属给那样一些人:他们的举止在很大程度上是可理解的。

以知觉为模式的行动,表明了这样一个关键事实:对承诺的承认可以是原因(cause)也可以被原因所导致(be caused)。康德把合理的意志界定为从法则的观念(conceptions of laws)中导出举止的能力②。我建议我们可以把这一表述中的"法则的观念"替换为"对承诺的承认"。在康德的术语中,"法则"是约束规则,即规范。一个人的法则的观念也就是他让自己有义务去做的东西。于是,具有合理的意志可以被理解为具有一种能力——通过有差异地产生出一些举止,这些举止对应于被承认的承诺内容——可靠地就一个人对承诺的(作为约束一个人的规范的)

---

① 特别是,在《使之清晰》第三章中详细阐释的那种由做出断言而接受的承诺的观念。
② *Critique of Practical Judgment*, sec. 7.

承认做出回应。但是，知觉严格说来类似于输入的一方。它是一种通过承认具有相应内容的承诺，以有区别的方式对应于比如红色事物出现的能力。这一能力原则上应不比其他能力更加神秘。根据这幅图画，我们之所以是合理的生物，正是由于我们对概念承诺（不论是信念的还是实践的）的承认对于我们要**做**的事情产生了影响。

在先的意向（prior intentions）是对实践承诺的承认，这些承诺不同于并先于它们可靠地、有区别地倾向于引发的相应举止。在其他情形〔行动中的意向（intentions-in-action）〕下，举止的产生可以就**是**对实践承诺的承认。在先的意向包含对于产生满足**一般**描述的举止的实践承诺。行动中的意向是对由举止——它们在**明确的**具体情形下是有意向的——所构成的实践承诺的承认。〔比如，"我现在要跳起来"（"I shall jump now"）。〕〔这些是塞拉斯所谓的"意志力"（volition）——"已发挥作用的在先意向"①，一个从以下错误观点中挽救回来的范畴：把**尝试**（tryings）看作最小的**行动**——因为排除了**失败**的可能，它们是安全的；正如出于同样的理由，把**貌似**（seemings）看作最小的**知道**（knowings）——因为排除了**错误**的可能，它们是安全的——一样。〕②一个人，在某些情境下以及在某些实践承诺内容方面，是可靠的行动者（比较一下：可靠的感知者），如果他有一种倾向，以至于在那些情境下，他的具有那些内容的在先的意向，会有条件地**变成**相应的行动中的意向的话。

这一叙述的优点在于：由规范的"应该"（should）所表达的东西与由意向的"要"（shall）所表达的东西具有关联性，正如第三人称的用法之

---

① Wilfrid Sellars, "Thought and Action," in *Freedom and Determinism*, ed. Keith Lehrer, New York: Random House, 1966, p. 110.
② 在我的学习指南中，我讨论了塞拉斯论"貌似"（'seems'）。它载于 *Empiricism and the Philosophy of Mind* 一书（Cambridge, Mass.: Harvard University Press, 1997）对第 16 节的评论中，见该书第 139—144 页。相应地，我在《使之清晰》一书中讨论了"尝试"（'try'），见该书第 294—295 页。

于第一人称的用法一样。也就是说,就像归属实践承诺(给他人)与承认实践承诺(自身)具有关联性一样。诸如"应当"(should)这种规范语汇的使用,表达了将对于一种实践推理类型的承诺归属给一个行动者,而"要"(shall)的使用则表达了行动者对一种实践承诺的承认,这一承诺可以是这种实践推理的结论。对于合格的行动者来说,正是那样一些承诺,是产生适宜条件下相应举止的关键。这种关联为理解意志的软弱性(akrasia)提供了一条途径。因为当实践承诺的自我**归属**(它通过"我应该……"这样的陈述而变得清晰)对实践承诺的**承认**(它通过"我要……"这样的陈述而变得清晰)并不具有因果意味时,这一现象就会产生。按照这种方式,不相容意向的可能性不再比不相容断言(或者,就此而言,还有许诺)的可能性更加神秘。(这是**规范**功能主义优于**因果**功能主义的独特优点的一个例子。)

注意戴维森仅从行动中的意向开始——按照当前的说明,在这种情形中,举止**是**对实践承诺的承认。他后来引入了意图(intendings),但他把它们解释为某些行为是"可欲的、好的,或者应该被做的"①判断。由于他并未告诉我们这些规范术语意味着什么,这是一个会引起争议的循环。通过从其他地方入手,我们已经看到,如何对规范语汇的表达作用做出独立的理解。

最后,注意这一说明区分了:

a. 意向地行动(acting intentionally),它要么在一个相应举止中,要么通过产生一个相应举止,承认了一个实践承诺;

b. 具有理由而行动(acting with reasons),它有资格做出这种承认;

c. 因为理由而行动(acting for reasons),即理由是原因的情形,此时对实践承诺的承认由恰当的推理所导出。

---

① Donald Davidson,"Intending," in *Actions and Events*, pp. 100 - 101.

七、结论

在本章的开头我说过我的目的是做三件事：

通过探索在行动中的话语输出转换和在知觉中的话语输入转换之间的结构相似性，表明合理的意志如何可被理解为在哲学上并不比我们注意红色事物的能力更加神秘。

对明确辨识**规范**语汇的表达作用加以解释，即说出这种语汇是如何做清晰化工作的。

引入一种关于**实践推理**的非-休谟式的思维方式。

提供一种关于**意志**(will)作为一种实践推理的理性能力的广义的康德式的说明。

尽管我提供的说明不可避免地是简洁的，但它的目标一直是贯彻那种话语实践的承诺。

第三章

可靠主义的洞见与盲点

一、可靠主义的基本洞见

近几十年来,知识论方面最为重要的发展之一,是把重心转向了对信念形成的各种过程的**可靠性**问题的关注。在一组特定情境中,在达成信念方面,有一种方式之所以比其他方式更加可靠,就在于在那些情境中,它更有**可能**产生一个**真**信念。遵循柏拉图的指引,经典认识论把知识理解为被证成的真信念(JTB)。尽管葛梯尔(Gettier)已经对这三个条件(JTB)联合的**充分性**提出质疑,但只是到了更晚的近期,它们各自的**必要性**才受到严肃的质疑。我称作可靠主义认识论"基本洞见"的是这样的主张:至少在某些情形下,即便证成条件没有得到满足(在候选的认知者不能提供恰当证成的意义上),真信念也可以等同于真正的知识,只要这些信念来自那样一些能力——在它们实际运作的情境中,它们是**可靠**的真信念的产生者——的运作。

在 JTB 认识论三脚架——因为,按照柏拉图的术语,知识必须是真意见再**加上一个说明**——中,证成这只脚的最初动机是认为仅仅**偶然**的真信念并不能胜任作为知识的一般情形。正确猜出哪条路通向雅典的那个人,或者通过抛硬币而获得他的信念的那个人,不应该被说成**知道**哪一条是正确的路,即使他碰巧是正确的。为一个断言提供**证据**,为它**提供理由**,**证成**它,并非是表明一个信念——如果是真的——并不仅仅偶然为真的仅有的方式,这个观察为可靠主义清出了一块地盘。因为它充分表明,信念是一种在通常情境下,可以**被期待**或**被预言**为真的东西①。信念持有者对其信念拥有好的理由仅仅是这种期待或预言的一个基础。

设想一个有关古代中美洲陶器方面的专家,她经过多年的实践获得了一种能力,仅仅通过看,就能可靠地尽管不是无差错地区分出托尔特克人和阿兹特克人的陶器碎片。我们可以假设这些碎片没有各自可区分的特征,以便她能加以引用从而证成她的分类。在仔细看这些碎片时,她只是发现自己相信,它们中的一些是托尔特克人的,其他一些是阿兹特克人的。进一步设想,她带着很大的猜疑看待以这种方式获得的信念,她并不愿意看重它们,并且特别地,不愿为这种出处的信念拿专业声望来冒险。在向同事做报告之前,或在发表建立在证据基础上的关于特殊的碎片是托尔特克人的还是阿兹特克人的结论之前,她总是在做着显微镜的和化学的分析以为自己的分类提供坚实的推论证据。也就是说,她并不相信,她是一个关于托尔特克人和阿兹特克人的陶器的可靠地非推论的报告者;她坚持索要她非推论获得的有关这个话题的信念的证实的证据。但设想已经跟随她工作多年的同事已经注意到她实际上是那种区分陶器的可靠的专家。她不加准备地(off-the-cuff)把某物称为托尔特克人的而非阿兹特克人的陶器碎片的倾向可以被信任。他们似乎有理由说,在某些情形下她是正确的,尽管她坚持要她的信念的证实的证据,事实上,甚至在使用显微镜和试剂之前,她**已经知道**所说的碎片是

---

① 这种预期或预言不需要达到完美**确定性**的程度。尽管完全可能存在要求这种确定性的"知道"('knows')的用法,但二十世纪先于可靠论出现的认识论的伟大成就之一便是认识到,这种知识概念不仅包含了对怀疑论的无法抗拒,而且对科学成就的讨论毫无用处,并且无论如何都不是必须的。如果我们关于"知道"的日常用法涉及了这些承诺的话,那么那就是用较少技术承诺的观念——对于我们的主要的认识论目的来说,它是更加有用的——取代它的最好的可能理由。存在着一些情境,在其中我们会犯错误,这一事实不应排除在事实上正确的那些情况下,我们被视为知道(knowing)。我们的可错性不应该被当作对知识的可能性的取消。

托尔特克人的①。

如果关于这种情形的说法是正确的,那么知识的归属就可以由信念持有者的**可靠性**(reliability)来保证,即便信念持有者并不能为那一信念提供**理由**。如果它们可以如此得到保证,那么认识论的证成内在主义(justificatory internalism)把知识的归属限制在候选认知者能提供理由推论地证成她的(真)信念的情形下,便是错误的②。可靠主义是一种认识论的**外在主义**,因为它主张,信念持有者没有意识到从而也就不可能援引为理由的事实——例如,她不加准备地对陶片加以分类的倾向的可靠性——可以在她相信可作为真正的知识与仅仅作为真信念之间造成差异。

因此接受可靠主义的基本洞见,的确包含了在某些特殊情形下对证成的内在主义裁定的否定。但关注可靠性并不简单地与经典 JTB 知识论的真实洞见相**冲突**。毋宁说,它可以被看作那个经典说明的**普遍化**。推理,除了别的以外,可作为一种潜在的可靠过程而发生。在许多情境下,一个人只接受**可以**给出理由的信念——即便他不是通过考虑理由而内在地获得那个信念——是一种形成信念的可靠手段。在**并非如此**的地方,在两种标准互相冲突的地方,可靠性的标准是否应该胜过证成的标准,这一点是可以讨论的。这可能发生在确实可以为信念给出归纳理

---

① 按照这种思路,一个人可以知道某事而不知道他知道(one can know something without knowing that he knows)(Kp→KKp 原则不起作用)。一个人可能相信 p 而不相信他知道 p。因为,就像在陶瓷碎片的例子中那样,一个人可能甚至不相信那个信念是由可靠过程产生的结果,尽管它是。信念持有者的态度也许是,(她发现自己知觉上的)那个信念碰巧在这种情形中是正确的。既然信念是知识的条件,如果一个人甚至不**相信**他知道 p,那么一个人便不**知道**他知道它。

② 关于知识的传统的证成内在论应该被看作只是要求:候选认知者应该为他的信念提供理由,而不是信念事实上作为对先前那些理由考虑的结果而获得的。因为更强的要求会把知识限制为由推论获得的信念。但是我们应该能够承认,非推论获得的信念——例如,那些通过知觉(以及,不无争议地,通过记忆或甚至见证)获得的信念——可以构成真实的知识。这一要求就是,在那事实之后,信念持有者可以为其信念提供理由,例如,通过求助于她自己作为非推论报告者的可靠性。

由的地方，但它们是如此弱的理由，以致它们所保证的推论缺少可靠性。所以，五彩斑斓的落日可以为来日是好天气的信念提供理由（"傍晚有红霞，水手笑颜开……"），即使一个人在那个基础上获得有关天气的信念是相当不可靠的。在这种情形下，即使一个人有理由相信后来证明是真的信念，我们可能还是会犹豫说他**知道**它不会下雨。可靠性药方将知觉、记忆以及证言（testimony）这种知识来源的角色——其中没有一个具有直接的或明显的推论的性质——刻画得至少和用提供**理由**的看、记忆以及证言的方式来刻画它们同样地好，甚至也许更好。这是因为，那些来源**的确**为**就那些**情形和情境**而言**的可靠知识，提供了充分的理由。不可靠的知觉、记忆以及证言并**不是**知识（也不是葛梯尔理由）的充分根据。

从我所说的可靠主义的基本洞见中关于可靠性与理由之间的关系，能得出什么样的结论？一种诱惑是设想：因为刚刚考虑到的理由，信念形成过程中的可靠性概念可以直接**替换**信念的好的理由的概念——我们已经习惯于诉诸后者的**所有**解释工作可以同样好地或更好地由前者来实行。以这种方式来思考问题，也就是思考用基本洞见促使认识论的中心重新定位。经典的 JTB 知识论一直将认知者可推论证成的真信念当作中心的、典型的例子。作为信念形成的可靠过程之结果的信念——例如，非推论得到的感官知觉的释放物——有资格作为知识的特殊情形，条件就在于：认知者**知道**（或至少相信），她是那些情境下的可靠的感知者，因此可以援引她的可靠性作为信念的**理由**。可靠性只表现为众多理由中的一种。知识的可靠性理论把真信念——它来自可靠的信念形成机制或策略，不论认知者是否有能力，比如通过援引她的可靠性，来证成那个信念——当作它们的中心的、典型的例子。相信一个人可以给出理由的东西，只是众多可靠的信念形成机制中的一种。

更加一般的理论思考似乎也支持在认识论中用可靠性概念取代理由概念。因为我们应该问，究竟为什么知识概念是有哲学趣味的。为什么我们应该在意信念——不论是我们自己的，还是他人的信念——的**真**，这一点似乎很清楚。因为我们行动的成功通常取决于作为其基础的信念的真①。但为什么我们还要进一步在意，什么样的特点，将**知识**与只是真信念区别开来？毫无疑问，这是因为我们希望能**依赖**于其他人所说的东西，来为我们提供信息。这种对于信息的人际沟通的兴趣，激发了对于产生信念的过程可靠性的关注——这种关注独立于对于它的真的关注，因为我们可以知道在特殊情形下有关其中一个的某些东西，然而并不知道有关另一个的某些东西。依赖于碰运气的猜测是不明智的。因此，独立于先前的认识论传统的奇想，也独立于像"知道"这样的词汇如何偶然被运用于自然语言中，我们有一种考察由可靠过程所产生的信念的身份的哲学兴趣。一个认知者为她的信念提供理由的能力，似乎只在一处与这一叙述有关：就它对可靠性有所贡献而言。

这里有三个不尽相同的问题。第一，被基本洞见当作知识的真实情形的那些例子，经受了批评的检验吗？例如，我们应该把我们的陶器专家视作在有理由之前就有知识吗，哪怕她并不相信自己的可靠性？第二，这种例子保证了认识论中心的重新定位：聚焦于信念形成过程的可靠性，而不是聚焦于拥有独特的、最具认知意味的真信念子集的理由？第三，这种认识论中心重新定位的可能性和适当性，意味着理由、证据、推论以及证成这些概念所起的解释作用，可以被可靠的信念形成过程的解释作用所替代——也就是说，它们之所以重要，**只**在于它们是它们所保证的信念的可靠性的标记？前面所指的诱惑就是这样一种诱惑：从对第一个问题的肯定回答，转向对另外两个问题的肯定回答。这是一种

---

① 存在着一种对这个老生常谈做过度普遍化概括的诱惑（就像以相同的方式从可靠主义的基本洞见做过度概括那样）：试图依据对建立在那些信念基础上的行动成功的贡献，首先定义信念的真（然后是真值条件）。对于这种解释策略，存在着一些致命的反驳。我在《不成功的语义学》中已经对此加以讨论（"Unsuccessful Semantics," *Analysis* 54, no. 3, July 1994, pp. 175–178）。

应该被抵制的诱惑。我准备接受可靠主义的洞见。但我会给出理由,反驳诱惑我们的从理由到可靠性的认识论中心的重新定位。我会给出进一步的论证,来拒斥用可靠性概念替代理由概念。

二、小鸡的性别鉴定与超级盲视

首先,重要的是认识到,基本洞见所诉诸的情形是多么的微妙和特殊。如果那位专家不仅**是**可靠的,而且**相信**自己是可靠的,那么她**的确**有理由坚持自己的信念,证成的内在主义者并未加入争论。尽管那信念是通过非推论的知觉机制获得的,但它在那种情形下**可以**推论地得到证成。因为"那碎片(也许)是托尔特克人的"来自这样一个断言:那位专家知觉上倾向于称它为"托尔特克人的",以及另一个一起的断言:在这些情境下的这些事情上,她是可靠的。毕竟,认为一位专家是可靠的,也就是认为从她倾向于称某个东西是"托尔特克人的"到它是托尔特克人的,是一个好的推论。所以,要得到一种建立在没有理由的可靠性基础上的知识的情形,我们就需要这样一种情形:一个可靠的信念持有者不认为或相信她自己是可靠的。这将是非常奇怪的情形,因为要胜任哪怕是候选的认知者,这里所说的那个个体也必须形成一个信念。

描述以下情形并不困难:某人实际上可靠地对某种刺激做出了有区别的反应,但对起作用的机制却没有任何观念。有人告诉我,工厂里的小鸡性别鉴定者可以通过审视而可靠地区分出刚刚人工孵化出来的小鸡的性别,却并不具有关于他们如何做到这一点的最低限度的观念。通过充分的训练,他们就能懂得。事实上,就我听到的这个故事而言,已被确定的是,尽管这些专家一致相信他们在视觉上做出了区分,但研究表明,他们的区分所依赖的提示实际上是嗅觉。至少按照这种叙述方式,他们是可靠的关于公母小鸡的非推论的报告者,即便他们并不知道是如何做出这种区分,因此也不能提供**理由**(涉及小鸡的长相,或更不容置疑地,小鸡的气味)以相信一只特殊的小鸡是公的。而且,盲视的个体在日常意义上是盲的,并相信他们不能有区别地对视觉刺激做出回应。然而,如果必须做出猜测的话,他们至少在某些情境下,可以合理地、可靠地区分形状和颜色。由于这里所说的个体并不会**相信**,比如,他们的面前有一红色的方块,因此,普通的盲视现象并不产生**知识**。他们所能做的,最多就是作为一种猜测,**说**出它来。对于与可靠主义的关注相关的例子,我们需要一种超级盲视。这个超级盲视是这样一种现象,首先,在这里,主体比典型的普通盲视更加可靠。因为在普通的情形下,人们获得的最多就是相对于选择预期的正确猜测的具有统计学意味的多数。其次,它是这样一种现象,在这里,盲视个体构造了一种不可解释的**确信**(conviction)或信念,比如,他的面前有一个红色的方块。就像基本洞见所驱使的那样,我们确实受到诱惑,说盲视个体实际上**知道**在它面前有一个红色的方块——就像一个朴素的小鸡性别鉴定者**知道**他正在审视一只公鸡一样。

但正如我们在谈论考古专家时已经看到的,如此前所描述的那样,这些情形可以在证成内在主义的框架内很好地得到安置。因为尽管这些例子都被小心地构造出来,以便包含本身是非推论的信念获得机制,但这本身并不蕴含那些候选的认知者不能为那些信念提供推论的证成。主张将非推论获得的信念(典型地,如那些被感知获得的信念)当作知识是不可理解的认识论的内在主义是不切实际的。根据任何最初看上去完全可信的 JTB 理论的说明,知觉知识依赖于感知者提供证成证据——从这些证据中信念**可以**被推论出来——的能力,尽管实际上它并不是如此产生的。信念形成过程的可靠性的观念,是为这种非推论获得的信念的事后证成提供一个处方所需要的①。在标准情形下,我们会期

---

① 这是塞拉斯在 *Empiricism and the Philosophy of Mind* 中捍卫证成内在论的策略。参见我在 Wilfrid Sellars, *Empiricism and the Philosophy of Mind* (Cambridge, Mass.: Harvard University Press, 1997)学习指南中关于这一点的讨论。

待一个小鸡性别鉴定者相信，他是可靠的。这样一个信念，加上他把一只特殊小鸡归类为公小鸡的倾向，为相应的非推论获得的信念，提供了一个恰当的推论**证成**。因此，要让经典的证成内在主义感到压力，我们需要给这种情形加上一种限制，那位候选认知者，尽管事实上是可靠的，却并不相信他自己是可靠的。由于原初现象的特征是盲视者一直坚持他们不可能看见任何东西，因此在盲视——甚至超级盲视——情形下，这或许是最直观的。毕竟，他们是盲人。

这里，一种张力出现了。如果这位专家确实**没有**把自己当作有关托尔特克人陶器的可靠的、非推论的报告者，人们可能会想，在她**实际**用来提供可靠标示的显微镜以及化学的证据之前，她形成那个信念——即一个特殊碎片是托尔特克人的——从认知角度说，是不负责任的。如果小鸡性别的鉴定者的确不相信自己是一个公母小鸡的可靠区分者（也许因为他尚处于训练的初级阶段，并未意识到他已懂得的东西）的话，那么他有什么东西使得他会非推论地**相信**一只小鸡是公的，而不是仅仅发现自己倾向于这么说，或仅仅将它放入有"M"标志的箱子？再说一遍，在这个阶段，通过**相信**那只小鸡是公的而**认可**那个倾向，似乎是不负责任的。如果那位超级盲视者坚持说，他不是一个关于红色方块的可靠报告者，因为他是盲人，因而他不能**看见**红色方块的话，那么他怎么可能同时真诚地**相信**在他面前有一个红色的方块？当如此充分地加以描述时，这些促发基本洞见的情形还能是融贯的和可理解的吗？

我认为它们是的。在那些人那里包含**有**某种认知的不负责任，他们并不把自己看作某种现象的可靠报告者，然而却相信他们自己倾向于做出的报告。但是我不认为那是否认以这种方式获得信念是可理解的关键理由。认知上不负责任的信念可以真实地是信念（genuinely be beliefs）。在那些非常特定的情形下，这种不负责任的信念可以有资格作为知识。至少，我不认为，它会为深信证成内在论的认识论者坚持如下主张——即这些满足了刚才已详述的严格条件的例子是不融贯的——提供可能。因为,谈论前面张力意义上的"认知负责的",只是意味着不形成一个人对之不能提供任何理由的信念。将上面简述的例子当作不融贯的,其结果就是为"信念"的定义构造了这一要求——使得除非一个人能至少为他所获得的东西提供某种理由,否则他不能将它当作信念。强加这种要求,显然回避了那些反对可靠主义认识论者的问题。

事实上,我们拥有不能为之提供理由的信念,是完全可以理解的。信仰(faith)——广义上被理解为做出承诺却不拥有相应的资格——肯定不是一个不融贯的概念。(它也决不是宗教的独有范畴。)假如有关信仰的信念被证明不仅是真的,而且源自信念形成的可靠过程(对于他们而言是不得而知的),我不明白它们为什么不能被视为构成了知识。从基本洞见使我们关注的那种知识例子所包含的张力中所引出的恰当教训,我认为,不是说那些例子是不融贯的,而是说它们在原则上是例外的。以主体不能为之提供理由的可靠性为基础的知识①,作为局部现象而不是作为普遍现象,才是可能的。

三、认识论和语义学

如果我们**所有的**知识,的确,即所有的**信念**,都像我们一直在考虑的例子那样的话,事情会怎么样?假定在特殊的封闭的情形下,认知上不负责任的信念是可能的,那么我们能融贯地描述这样一些实践,在其中,人们真实地拥有信念,但**所有**信念在认知上都是不负责任的,因为它们在缺乏理由的情形下被故意坚持?换个方式说,那种促发基本洞见的形成信念的实践构成了一个自治的集合——也就是说,一个可以独立拥有的形成信念的实践的集合?

---

① "拥有理由"而不是"能给出理由",因为在以下那些情形中,证成内在论不需要承诺保留了知识的归属:理由(以导致所说的这个信念的其他得到证成的信念的形式)的拥有者实际上(de facto)不能产生它们,比如,已经遗忘了它们。

在受到诱惑将基本洞见的意义理解为保证了认识论的**中心重建**——聚焦于信念形成过程的可靠性,而不是拥有理由,以识别哲学上最有趣的真信念的子类——的语境下,这是一个重要的问题。因为被经典证成内在论者当作知识之典型要素的给予理由(reason-giving)的实践,在这个意义上,**是**自治的。也就是说,我们**可以**理解一个共同体,其成员只是在他们认为他们拥有证成的时候才会形成信念。很清楚,所有他们经推论所达到的信念都可以满足这个条件。对于非推论获得的信念来说,我们必须坚持,仅仅在那些他们**相信**自己是可靠的情形下,他们才非推论地形成信念。**那些**信念可以继而从其他人(他们是或已经被当作是可靠的)那里获得,他们训练新手如何辨识。因此孩子首先学会了可靠地将标有彩色字母的棒棒糖分为一堆,只要一旦被确证为可靠的非推论的颜色辨别者,他们就会逐渐形成"那根棒棒糖是紫色的"形式的**信念**。在那一阶段,如果他们被询问对于那些信念具有什么理由时,他们可以诉诸自己的可靠性。这种诉求可以隐含在、存在于,比如说,像"我可以通过看它们而告诉你什么东西是紫色的"这样的说法中。他们甚至可能说,"它对我而言,看上去是紫色的",在此,这个句子需要的不过是"我发现自己倾向于把它归为有'紫色'标记的一堆"①的代码。

以下这一点至少是不清楚的:我们可以将一些信念持有者们所构成的共同体当作有意义的,他们常常拥有真信念,并且通过可靠机制获得这些信念,但却**从来不**为他们的信念提供理由。这会使得他们决不把自己或彼此当作可靠的。因为任何可靠性的归属(当与一个断言——关于什么是可靠的人相信或倾向于说的——相连接时)都**推论地**保证了一个结论。一个排除了为信念给出理由的共同体,甚至不可能有可靠性的概念,因此(从任何人的眼光看)也不可能有知识的概念。其成员可担当

---

① 有关这一点的更精细的讨论,参见我在 *Empiricism and the Philosophy of Mind* 学习指南中,对于塞拉斯关于"看"('looks')的逻辑的说明的处理。

起测量工具(即可靠的标示者)的作用,既是可感环境状态的测量工具,也是彼此回应的测量工具。但他们不可能认为自己或彼此在这么做。因为他们没有在可靠的标示与不可靠的标示之间做出区分。没有这种区分,他们就根本不可能被认为能将自己或彼此理解为**标示者**。因为,在工具状态与它作为测量候选者状态之间的**依存关系**概念,如果没有可靠性的评估,是无法理解的。尽管他们是可靠的标示者,但事实上他们并不依赖于他们自己或彼此的标示,因为他们并没有从他们那里导出结论。

我认为这些都是否定这类可靠标识者拥有知识的很好的理由。但是至此所提出的这些理由,最多是尝试性的而非决定性的。然而,迄今为止,我们的注意力一直聚焦在知识概念的第三个条件上:什么使它和单纯的真信念(mere true belief)有所区别。如果我们将注意力转移到第一个条件——该条件是:一个人不知道他不**相信**的东西——上,那么对于无理由的可靠性方案的可理解性的怀疑就产生了。因为不处于彼此推论关系中的状态,不能充当彼此理由的状态,是根本不能被认作信念的。世界到处是可靠的标示者,铁块会在潮湿的环境而不是干燥的环境中生锈;当受到超过某个重量的东西的压迫时,地雷会爆炸;公牛会冲向红色摇晃的东西,如此等等。它们对刺激做出有区别的回应并因此能把环境分为各种种类的可靠倾向并不能充当**认知**,因为被可靠地、有差异地引出的回应并不是对**概念**的运用。它们不是**信念**的构造。为什么不是?被当作信念的可靠回应还需要其他什么东西?什么样的不同造成了如下两者——受到训练的鹦鹉(当一个红色的东西在场时会发出"这是红色"的声音)与一个真正的关于红色事物的非推论报告者(通过获得她面前有一个红色物的知觉**信念**而对面前的可视物做出回应)——之间的差异?

我想说,在最低限度上,是对于回应的**推论阐明**(inferential articulation)。信念——实际上是具有命题内容的东西(其内容在原则上可以通过使用陈述句或由陈述句构造的"that"从句而得到具体说明),因此也是概念上得到阐明的东西——根本上是可以作为推论的前提和结论的东西。真正的知觉信念的主体是——而鹦鹉并不是——通过在给出和索取理由的游戏中(运用概念)走出潜在的一步,即运用一个概念,来对可视的红色物的存在做出回应。信念持有者采取了对涉及进一步的后果承诺的姿态(例如,对被知觉为有颜色的对象的承诺),该承诺不相容于其他承诺(例如,对被知觉为绿色的对象的承诺),并且一个人可以根据其他承诺(例如,对被知觉为猩红色的对象的承诺),表明他对该承诺所拥有的资格。我主张,回应,只有作为广阔推论牵连网络的节点,才能被认作是对于**概念**的运用。如果不是这样的话,它就不能被认作为信念或信念的表达式。

我们应该重视真正的知觉**信念**——它要求运用**概念**——与矿物质、地雷和斗牛士道具的可靠回应之间的区别。我主张,这个区别的一个根本要素,是信念在推理(不论是理论的推理还是实践的推理)中所起到的既可作为前提又可作为结论的潜在作用。人们可以选择用不同的方式划出这条线,尽管我还没看到貌似有理的竞争者。但我不认为,它给可靠主义认识论者根本拒绝画出这条线留下余地。这么做——不仅以某种方式拓宽了有关知识的第三个条件,也同时不假思索地拒绝了第一个条件——将彻底改变主体。这并不是关于知识分析的分歧,而是彻底坚持谈论某种不同的东西①。

如果这一思想路线还有任何价值的话,那么认为可靠的概念可以取代有理由的概念所起到的解释作用的想法就显然是错误的。因为将具有命题内容的因此也是概念上得到阐明的**信念**(包括那些可胜任知识的信念)与仅仅是可靠的回应或非认知的生物(它们知道**如何**但并不处于

---

① 诸如德雷斯克(Dretske)、福多(Fodor)和米丽坎(Millikan)等人的语义学方案,当问起什么将值得称作"信念"的表象与其他指示状态区别开来时,就会暴露最大的弱点。

知道**什么**的行当中)的表象区别开来的,(至少)是它们可以既充当**理由**又处于需要**理由**的状态。我把没有认识到可靠性概念解释力的不足称作可靠主义的"概念盲点"('Conceptual Blindspot')。

它是一个错误的说法在本质上是一个**语义学**的观点。但因为知识的**信念**条件,它也有助于使我们有资格从关于**证成**条件的**认识论**的可靠主义的基本洞见中所引出的结论变得温和一些。以没有可能提供理由的可靠性为基础的知识的那些例子——它们促发了基本洞见——**从根本上说**,是一些边缘现象。它们的可理解性,是寄生于给予理由的实践的可理解性之上的,这些实践保证了知识的日常归属——简言之,的确就是信念的归属。那些实践——在其中,某些信念被赋予真的以及得到证成的身份——是自治的,可作为人们能单独玩的游戏而被理解。在此意义上,那些实践——在其中,除了真,信念能拥有的唯一身份是被可靠地产生出来——不是自治的。我们必须小心抵制夸大可靠主义基本洞见的诱惑。除了充当一种理由,可靠性可以在证明信念为知识的理由旁边,占据一个附属的地位。但它不能取代在认知实践的理解中给予和索取理由的中心地位。

四、可靠主义和自然主义

因此,可靠主义的恰当领域是认识论而不是语义学。在认识论的范围内,它的恰当见解涉及区分知识与单纯的真信念的条件。它并不提供资源,以将知识作为其下某个种——**概念**上得以阐明的,特别是**具有命题**内容的**信念**态度——的那个属与那种由诸如测量工具之类的可靠人造标示物所展示的可靠标示区别开来。现在,也许当指出在这些更为宽泛的解释领域内,将诉求可靠性当作诉求理由的替换候选者是错误的时候,我正在攻击一个稻草人。将基本洞见的见解普遍化的诱惑——对此,我一直在强烈抵制——也许没有被普遍感受到。就它们没有被感受到而言,一旦那一学说的界限被恰当地划出,将这种被误导的过分普遍化的只是概念上的可能性描述为构成了可靠主义本身的缺陷或盲点,是会引起争论的。

然而,也许伴随着这种诱惑,还有另外一种诱惑,它无疑是可靠主义在认识论方面的当代诉求的重要部分。它是这样一种观念:可靠主义至少为**自然化**的认识论提供了原材料——这种观念让我们把知识的状态展现为自然过程的产物,它完全可以按照广义的物理主义术语来加以理解。前面刚提到的责难提示我们,在陈述这个抱负时,要小心谨慎。认识论的可靠主义提出了一条道路,根据这一道路,**如果**(具有命题内容的)**信念**的概念可以被自然化,**并且就此范围而言的话**,那么**知识**的概念也同样可以被自然化。可靠主义许诺了一个药方,将其中的一种说明延伸到另一种。这个条件句的前件中所整理的资质不是无关紧要的,但这个条件句也不是无关紧要的。特别是,它表达了一种虔诚的证成内在主义者完全有义务加以怀疑的主张。因为,如果必须根据拥有**好的理由**或证成的**资格**或**保证**(warrant)来理解什么使知识和其他真信念有所区别,并且就此范围而言的话,那么关于后来规范概念的可能的自然主义驯化之前景的悲观主义,就会延伸到知识本身的概念。

一个信念构成机制是**可靠的**(在具体情境下),就在于它客观上**很可能**(在这些情境下)产生**真信念**。如果**信念**和**真**的观念被物理主义地或自然主义地加以解释的话①——这无疑是一个实质的任务,但也许不是一个独特的**认识论的**任务——那么认识论的可靠主义许诺之一就是:人们在将这些解释延伸到也包括**知识**时所需要的一切,就是关于客观可能性(likelihood)的一种自然主义叙述。但由于它是正在讨论的**客观**可能性——不是有关确信或证据的,或其他主体所知道或相信的主观的东

---

① 这些不是等价的刻画:广义上的自然主义解释不需要把自身限制于物理学语言。但这里出于论证目的,对此差别不做区分。

西——因此，这种叙述看起来不难找到。因为在自然科学中，的确，甚至在基础物理学中，客观概率是解释的主要内容。因此可靠主义的基本洞见诱使我们得出的第二个结论是：它至少为如何使知识从其他真信念中区分出来的纯粹的自然主义说明提供了处方。

这一思想路线得到了广泛的赞同，甚至得到那些对引发它的那个方案并不欢迎的人的赞同。因为在我看来，似乎甚至拒绝接受构成其前件的前提的那些人也接受了那个结论，即**如果**在区分知识与单纯的真信念方面，可靠性概念能做到此前由证据或理由所做的工作，**如果**关于**信念**和**真**的概念的自然主义说明是现成可得的话，**那么**一个关于知识的自然主义说明是可能的。这个**推论**至少是好的，这一点几乎普遍地被当作不但是真的，而且**明显地**是真的。然而，我认为，它**不**是一个好的推论。当我们恰当地理解了在什么意义上关于可靠性机制的事实可以是客观的时候，我们就会看到，求助于客观概率，并不能充分得出关于知识的自然主义说明——即便在推论的前提中安置了乐观主义的假设。弄清楚为什么是这样的（在本章的下一节），提供了一些线索，我们需要它们以便清楚地表达（在最后一节）我们真正应该从基本洞见中所学到的东西：我将称作可靠主义的隐含洞见（implicit insight）的东西。

五、谷仓门面与戈德曼（Goldman）的洞见

困难是直接的并且是众所周知的，尽管我相信，它的意味还没有充分得到欣赏。只有相对于一个参照类，客观概率才能被明确。在完整的认知情形中，认识论理论有义务——通过与人为限制的语汇（在具体科学中客观概率的概念被运用于这些语汇）所描述的谨慎的理想化情形相比照——独立于我们主观的兴趣和关切（典型地，如解释的兴趣和关切），如其客观所是的样子来谈论世界，一般而言，并未赋予竞争的可能参照系中的一个以特权以使它成为正确的或恰当的。相对于参照系的

选择,我们可以理解客观概率的概念,并因此理解关于各种认知机制或过程的可靠性的客观事实的概念——这些事实可用自然主义的语汇来加以明确。但参照系的恰当选择,本身并不是由自然主义语汇所明确的事实客观决定的。因此存在着某种遗留的东西。

我所知道的阐明这一点的最好方式,是想想戈德曼的谷仓门面的例子。这或许具有讽刺意味,因为戈德曼在1976年的一篇经典论文——它驳斥了当时占统治地位的**因果**知识理论的主张——中首次引入了这个例子,就是要为这种可靠主义的替代方案腾出地方,从那以后这一替代方案一直占据着支配地位①。尽管我的确认为,在通过诉求可靠性的考虑,渴望使认识论自然化的背景下,这种例子在反驳因果知识理论方面是具有决定意义的,然而它是一把双刃剑。

让我们想象一个生理上正常的感知者,在视觉知觉的标准条件下(面对这个对象,光照正常,没有透镜或镜子的介入,等等),正在看一个红色的谷仓。它看上去像是一个红色的谷仓,他此前看过很多红色的谷仓,他受到驱动,说并且相信,在他面前有一个红色的谷仓。事实上,有一个红色的谷仓在他面前,从感知的角度作为原因作用于他,使他说出并相信在他面前有一个红色的谷仓。因此他的断言和信念是真的。对于他的信念,他有着一个感知者所可能有的最好的理由:他拥有所有的证据以确信,它是一个红色的谷仓,并且他能看到它是。对于戈德曼的最初目的最为重要的是,我们可以设想,将感知者连接到他面前红色谷仓的因果链是一个理想的因果链,它正是真实的知觉知识情形中的那种因果链。(我们不知道如何描述使这些因果链有资格成为知识的那些必要条件或充分条件,但不论这些条件是什么,我们确定在这个例子中这些条件得到了满足。)那位感知者有一个真实的信念,有拥有那个信念的

---

① Alvin Goldman, "Discrimination and Perceptual Knowledge," *Journal of Philosophy* 73, no. 20(1976): 771-791.

很好的理由，并处于与他的信念对象的正确因果关系中。毫无疑问，此时人们会说，如果还有知觉知识的话，那么在这种情形下他所拥有的就是知觉知识。

但随着我们对情形的进一步描述，随着我们转向**外在于**感知者信念的事实，转向他的感知过程以及在感知者与被感知者之间的因果关系，事情便不那么清楚了。因为，尽管我们的英雄认为他看到的红色谷仓的确是红色的，但他所不知道的是，它被安置于"谷仓门面县"中。在那儿，当地人的嗜好是建造难以置信的、栩栩如生的谷仓门面的立体感很强的错视画（trompe l'oeil）。其实，我们的人正在看着的，是这个县里**唯一**真正的谷仓——尽管还存在着999个门面。这些门面被如此巧妙地设计，以至于在视觉上很难将它们与真实的谷仓区别开来。如果我们的主体（反事实地）是正在看那些门面中的一个，他会形成一个与他关于真正谷仓所形成的信念完全相同的信念。也就是说，他会（现在是错的）相信自己正在看着一个真实的谷仓。他碰巧撞上了那个真实的谷仓，这完全是件偶然的事情。

问题是，他知道在他面前有一个红色的谷仓吗？可以设想一个恰当的情形，在此情形中他并不知道。因为尽管他具有真信念，但它只是**偶然**为真的。它是真的，仅因为他碰巧在数千个外观相似的谷仓中撞到了那个真的。这似乎正是专门引入知识的第三个条件——那个将知识从单纯的偶然为真的信念中区分出来的条件——来加以排除的情况。如果那是正确的——我认为它是——那么它表明，经典证成认识论的内在主义是不恰当的①。它还表明，诉诸把信念持有者连接到他的信念所关涉的东西的因果链，对于把知识从单纯偶然的真信念中区分出来而言，

---

① 我说"传统的"，因为它为内在论者的如下否定敞开了大门：在这种情形中（以及在所有"孪生地球"一类的相应情形中）**内在**状态在真实的和不真实的情形中是相同的。这两种例子的所有共同之处是主体不能够区分出它们。但这个事实不必被理解为对于确定它们的内容来说是充分的。这是麦克道威尔追求的选项。

是不恰当的——这便是戈德曼最初所推崇的令人惊讶的结论。因为不仅附近的谷仓门面的在场——的确,它们在当地占有优势——并不影响候选认知者可以诉诸的、作为证成其信念的证据或理由的那个信念,而且,它也在因果上与那个信念的形成过程不相关。

当然,戈德曼的正面结论是说,在这种情形下,造成认识论上差异的那个差异是:在信念实际形成的情境中(也就是在"谷仓门面县"),那个主体并不是谷仓的**可靠**感知者。通过观看某物而形成某物是不是谷仓的信念,在那个周边,并不是可靠的形成信念的机制。这一情形的特别之处就在于:使在别处是可靠过程的东西在此处变得不可靠的那些情境,是外在于主体的信念,并外在于这些信念与其因果前件之间的联系的。戈德曼在此迈出了一大步。他从中得出的批评论证和正面建议——两方面的结合是我所谓的"戈德曼的洞见"——都创造了哲学进步的新纪元。但是,戈德曼的可靠主义洞见的确切意义是什么呢?一旦我们拒斥了关于知识的第三个条件的狭义因果理论以及经典的证成内在理论,我们应该从有关知识评估的可靠性外在根据的正相关关系的证明中导出什么后果呢?尤其是,戈德曼的洞见支持了认识论中的**自然主义抱负**吗?

我认为不是。戈德曼例子的巧妙特点之一,是它在字面意义上解释了参照系**界限**的隐喻。因为设想谷仓门面县是那个州中数百个县中的一个,所有其他的县都喜欢真实的谷仓而讨厌门面。那么,在那个**州**里,而不是在那个县里,对于我们的主体的知觉信念形成过程来说,被当作有区别的回应倾向的运作,可以是非常可靠的,因此当它实际上引发正确的信念时,它可以保证知觉**知识**的归属。但是,接下来,如果由五十个更大的州所组成的全国都有着谷仓门面县的习惯——以至于在全国(除了这个州),门面在很大程度上占据了主导的位置——那么被当作在这个**国家**中所运作的那种能力,那种完全相同的能力,会被当作非常**不**可靠的,因此不能充分地保证知识的归属。再接下去,在整个**世界**的范围内，谷仓或许在更大程度上多于门面。因此在那种参照系下考虑问题，这一能力会再次被当作可靠的，如此等等。我们需要知道关于谷仓和门面在太阳系或银河系中的相对发生频率，以便回答关于我们主体信念的认知身份问题吗？然而，如果不在更为宽泛的参照系中观看而把我们的目光转向更为狭隘的参照系中的话，我们得到的仅仅是由观看一个真实谷仓的能力的实际运作所构成的参照系。在**那个**参照系内，由于在那个情境中所获得的独特信念实际上是真的，因此获得真信念的概率是1。因此，就最狭隘意义上的可能参照系而言，信念形成的机制在最大限度上是可靠的。

　　哪一个是正确的参照系？那位感知者是关于谷仓的客观可靠的鉴别者？或者不是？我认为，被描述的事实并不能确定一个答案。相对于每一个参考系而言，有一个清楚的答案，但是世界并没有赋予任何一种参照系以特权，并因此从中挑选出一个答案。这个论证仍然留待被填充，并且世界客观存在的方式并没有通过自身来填充这一论证。换种方式说，信念形成机制的可靠性（因此也是它作为知识状态的真实产品的身份）是多样化的，它取决于我们如何描述这一机制和信念持有者。当被描述为在对这一个谷仓做外观感知时，他是可靠的并且知道在他前面有一个谷仓。当被描述为这个县里的谷仓外观感知者时，他是不可靠的并且不知道在他面前有一个谷仓。当被描述为那个州里的谷仓外观感知者时，他又是可靠的并是一个认知者，然而当被描述为整个国家中的谷仓外观感知者时，他又不是了，如此等等。所有的这些描述对于他而言是同样真实的。所有这些都是确定他位置的方式，它们可以用纯粹自然主义的语汇同等表达出来。但是这些可用自然主义的方式加以陈述的事实，却提供了关于感知者的可靠性并因此关于他的认知者身份的不同裁定。没有任何可用自然主义方式陈述的事实能从这些描述中挑出这种或那种，视作独特有权威性的或正确的。因此，根据认识论的可靠主义，可用自然主义方式陈述的事实，并不解决在被描述的情形中感知者是不是一个认知者的问题。

好,被描述的情形从许多方面讲都是例外。并不是每一个认知情形,都允许根据套叠的、产生关于可靠性和不可靠性的不同裁定的同等自然的参照系来接受一些描述。但我不是要主张,可靠性的思想不具有认知的或认识论的意义。我并不否认"戈德曼的洞见"。但与谷仓门面例子的结构相关的情形是会发生的,它们是关于可靠主义保证了自然化的认识论这一断言——这一错误观点可被称作可靠主义的"自然主义盲点"——的反例。

六、推论与可靠主义的隐含的洞见

那么,我们**应该**如何理解知识论中可靠性考虑的意义呢?我们如何能恰当地承认基本洞见和戈德曼洞见,而又避免概念的盲点和自然主义盲点?如果不是自然主义,又是什么?**超**自然主义吗?我认为,回答这些重要问题的关键是要看到,不是反对考虑什么是什么的理由,对可靠性的关注本身应该被理解为对独特种类的**推论**的好(goodness)的关注。我把这个观点称作知识论的可靠主义的"隐含的洞见"。

知识论通常被认为是有关知识的理论。但是知识论的理论实际上通常提供了有关什么时候**归属**知识是恰当的解释:例如,被证成的真信念存在于何处,或在什么情况下真信念来自可靠的信念证成过程。现在,一种关于知识的理论可以采用这种形式。用卡尔纳普的术语说,两者可以像形式对内容的模型一样具有相关性。我们不再问 $X's$ 是什么,而是问什么时候"X"一词被恰当地运用。但两者不必是同一个问题的描述。就知识来说,我认为它们处于更加复杂的关系中。

当认为某人拥有知识时,人们在做什么?传统的三方参与的回答,其形式当然是正确的。首先,人们在归属某种**承诺**:一种信念。出于上面在说到概念盲点时所指出的理由,我认为,如此做出承诺必须被理解为在被**推论**阐明的概念网络中占据了一个位置,也就是说,在这个网络中,一个承诺携带了和它一起的各种不同的承诺——作为它的推论后果,并排除了不相容的其他承诺。只有在这个网络中占据了一个位置,它才能被理解为在**命题方面**(从而也是**概念方面**)是具有内容的。相应于知识归属的传统证成条件,我们可以说,并不是任何承诺都拥有这种条件的。因为要使它成为人们所归属的**知识**,人们还必须使这个承诺成为信念持有者在某种意义上对之**拥有资格**的承诺。可靠主义的基本洞见提醒我们,我们不必假设,一个信念持有者对一个具有命题内容的承诺拥有资格的唯一方式是能提供一种对于它的推论证成。相反,资格可以在对于导致承诺被接受的过程的可靠性评估的基础上被归属。我们将在下文,谈到最后一个话题时,回过头来,更加细致地考察可靠性的归属。

因此,要认为某人知道某事,人们必须做两件事情:归属某种推论阐明的**承诺**,以及归属对于那个承诺的某种**资格**①。但并不是信念持有者对之拥有资格的所有信念都可算作知识。只是当人们认为除此之外它们还是**真**的时候,才会认为它们可胜任为知识。这么做是怎么回事?认为一个断言或信念是真的,并不是在把一种特别有趣的和神秘的性质归属给它;它完全是在做某种不同的事情。它是在**认同**这个断言本身。如果在**描述**、**刻画**或**归属**一种性质给**另外**一个人的承诺这个模型方面,人们**错误地**理解了在**接受**一个位置——接受一个承诺——时他们在做什么的话,那么他们就会产生关于真理性质的假形而上学问题。相应的错误是认为做出一个许诺,例如某人会开车送他的朋友去机场,就是在把一种特别的性质归属给命题"某人会开车送他的朋友去机场",于是这一性质与某人自己的动机结构的关系便急需得到解释。

在把某人所拥有的东西叫做"知识"时,人们在做三件事:**归属**一个

---

① 关于这两种规范身份是任何给予和索取理由的游戏的关键要素的论证,参见第六章。

承诺,它在与其他承诺相关联的推论中既可以充当前提也可以充当结论;为那个承诺**归属资格**;以及自己**接受**同样的承诺①。这么做也就是在给予和索取理由的游戏中接受一个复杂的、本质上是**社会阐明**的姿态或位置。这里,我不想试图展开或辩护这种将知识理解为规范的社会身份的方式;我已经在《使之清晰》中详细地这么做了②。之所以在此对它做了概略的叙述,是因为在确保信念的资格方面,它为我们提供了谈论可靠性归属之作用的视角。

要设想这一点,让我们以刚刚询问在把某人当作认知者时一个人**在做**什么的同样态度,我们来询问一下,在把某人当作,比如,关于他面前的红色谷仓的**可靠**的非推论信念构造者时,一个人**正在做**什么。在某些情境下,把某人当作红色谷仓的可靠报告者,也就是认为,在那些情境下,他关于谷仓的报告可能是**真**的。按照刚才给出的说明,这么做也就是自身倾向于**认可**那些报告。那意味着,在把某人当作可靠报告者时,一个人所做的是在认可某个种类的**推论**:也就是,从**归属**给他人一个在某些情境下获得的具有命题内容的承诺到自身**认可**或**接受**一个具有同样内容的承诺的推论。展示这个社会阐明结构的那些推论是**可靠性推论**。认可这样的推论也就是准备**依赖**某个他人作为信息提供者:愿意把**他**的承诺用作一个人**自己**的推论(包括实践推论)的前提。

从他人的谈论中提取信息的可能性,是断言的实践以及将信念归属给他人的实践的要点之一。因此,在给予和索取理由的游戏中,可靠性推论起到了绝对核心的作用——的确,每一步都如同有关他人断言和信念的**真**的密切相关但又可区别的评价一样,是核心的。对于可靠性的那种关注并不与对于什么是什么的理由的关注相对立,而实际上是它的一个极其重要的属,是我想称作可靠主义的隐含洞见的东西。可靠主义应

---

① 第五章探讨了关于规范态度的社会视角阐明的某些后果。
② Robert B. Brandom, *Making It Explicit*, Cambridge, Mass.: Harvard University Press, 1994,尤其是第 3、4、5 章。

被称作一种形式的知识论的**外在主义**，因为可靠性的（因此也是知识的）评估，可取决于外在于候选认知者本人所拥有的理由的那些考虑。在那些情况下，这种评估事关知识**评估者**所拥有的理由，而不是知识**主体**所拥有的理由。我想导出的结论是，因此它们不应该被看作外在于给予和索取理由的游戏，外在于对什么是什么理由的关注。可靠主义表明了关于理由给予和理由评估实践——谁拥有知识的问题产生于这一实践之中——的基本的**社会的**或人际间的阐明。

关于可靠性的这种思维方式所支付的最后一份股利，是它让我们看到，在谷仓门面的情形中，到底发生了什么，以及因此如何考虑戈德曼的洞见。因为一旦我们将可靠性评估理解为认可哪些**推论**的问题，针对可靠性（因此也是知识）——在排除了对于什么是什么的理由的关注的背景下，它看上去是如此的令人困惑——评估参照系的相对性自然就逐渐得到了理解。不同的参照系正对应于不同的（真的）附属前提或辅助假说，它们可以与非推论获得的知觉信念的归属相连接，以便导出推论的结论，可靠性（以及知识）评估者可以将这些结论用作她**自身推论**的前提。从那位感知者关于红色谷仓的报告和他处于谷仓门面县的前提，**不**存在一个好的推论，能导出他面前存在一红色谷仓的结论。从那位感知者的报告和他处于**谷仓州**的前提，**存在**一个好的推论，能导出那个结论。从那个报告和他处于**谷仓国**的前提，不存在一个好的推论，能导出那个结论，如此等等。所有那些附属前提都是真的，因此，存在着许多候选的可靠性有待评估。但并不存在矛盾，因为它们都是**不同的**推论。当然，这里没有任何鬼怪或超自然的东西在发生。一旦我们明白是在关注刚才这种语境下的可靠性，那么描述的相对性——它对忽略给予理由、证成以及推论的可靠性理解构成威胁——就能被从容地接纳。因为我们认识到，推论的好是随着我们正在推理的这些对象如何被描述的不同而变化的。可靠性评估的内涵性（intensionality）正标志着它们是推论序列而不是因果序列的成员。在前一章中我们看到，我们应该将这种实质推论看作是非单调的。

要避免概念的盲点,一个人必须领会在识别能够胜任**信念**因此胜任知识的表象方面特定的**推论**阐明的意味。要避免自然主义的盲点,一个人必须领会对于可靠性的关注也就是对于独特的人际间的**推论**结构的关注。在这些解释语境中,领会推论的作用,也就是对可靠主义隐含洞见的把握。它是我们保存和发扬基本洞见和戈德曼洞见,而又避免受它们引诱陷入那种损害我们的困境所需要的。

第四章
什么是单称词,以及为什么存在单称词?

一、什么是单称词?

1. 单称词和对象

对于一个语言表达式的使用来说,如果要发挥单称词的功能或起到单称词的作用,什么样的条件是必要而充分的?如果没有任何东西起到那种作用的话,语言会处于哪种表达的贫瘠状态?对于这些问题的回答,一般来说,似乎是简单易懂的。单称词是指称(refer to)、指谓(denote)或指定(designate)特殊对象的语言表达式①。在语言实践中拥有起到这种作用的某种东西的意义在于,使谈论特殊对象成为可能,这些特殊对象与它们的属性和关系一起,构成了实践施行于其中的世界。

在不接受由第一个断言到第二个断言的转换所设定的解释顺序的情况下,这些断言的第一个或许可被接受。一开始,或许人们会质疑,是否可以在不求助于单称词概念的情况下理解**特殊对象**概念。例如,当弗雷格在《算术基础》中把特殊对象的本体论范畴[他一心想论证数(numbers)是属于这一范畴的]解释为实际上包含了任何可用单称词[他论证数字(numerals)就属于这个语言范畴]所指称的东西时,他隐含地否定了这一点。

---

① 严格说来,单称词所指称的是一个殊相。并不是所有的殊相都是**对象**:还有事件、过程等。当前的讨论并不牵扯到这些殊相之间的区别,仅仅去谈论对象常常会使这里的讨论更加方便,其实,这里可涉及任何一种殊相。

用某种更谨慎的方式说，上面所提出的第一种回答一定是：单称词是——用蒯因恰当的语言方式说——"**旨在**指称仅仅一个对象"的语言表达式。蒯因质疑隐含在意向术语中的表象意图（representational purport）的正统概念，而以他的话语所做的那些回应则提醒人们，通过诉求更为朴实的语言类似物，他想解释许多它们可被认为要去解释的东西。因为在他所诉求的意义上，单个指称意图不必是意向的事情。正如蒯因敏锐指出的，"对于意图的这种谈论，只是以一种生动的方式，提示了单称……词在语句中所起到的独特的语法作用"①。真正的任务是详细说明这个作用。只有提供了这种说明，才能通过对蒯因所陈述的原则的诉求获得解释的根据。然而，那个叙述为"什么是单称词"问题提供了直接回答，这个回答不诉求于（而是相反，它本身可借助蒯因原则被用来帮助解释）指称意图或表象意图这样隐晦而富于想象力的观念。这种说明正是我打算在本章剩下的篇幅中提供的。

2. 次语句表达式和投射新颖语句的使用

前康德传统将这一点看作理所当然的：语义解释的恰当次序是从概念或语词的学说开始，概念或语词可以分为单称的和类的，其意义性（meaningfulness）可以独立于或先于判断的意义性而被把握。通过对诠释的这个基本层面的诉求，然后判断学说解释了概念结合为判断的过程，以及作为结果的判断的正确性怎样依赖于什么被结合和如何被结合。通过对判断的这个派生解释的诉诸，最终，一种有关后承（consequences）的学说解释了判断结合成推论的过程，以及推论的正确性如何依赖于什么被结合和如何被结合。康德对此予以拒绝。他的基本创见之一是断言：觉识或认知的基本单位，即可被把握的最小单位，是判断。对于他来说，关于某个东西是被分类者还是分类者（语词或谓

---

① W. V. O. Quine, *Word and Object*, Cambridge, Mass.: MIT Press, 1960, p.96, 添加了强调；亦见第 90 页。

词)所做的诠释,只有作为关于它在判断中的作用的谈论,才是有意义的。在《算术基础》中,弗雷格遵循这条康德路线,坚持认为,"只是在命题(Satz)的语境下,名称才有意义"①。弗雷格采取这一立场是因为,语用效力(pragmatic force)只附着在语句的言说上,将语义内容与语言表达式联结起来的解释目的,是提供一个有关这种效力的系统说明。

由于语义学必须以这一方式对应语用学,对于语言表达式的次语句范畴如单称词和谓词来说,语句范畴就具有某种解释优先性。因为语句是一种语言表达式,它的独立言说(也就是说,它的不嵌入在某个包含它的更大语言表达式的言说中的言说)有着执行一个言语行为的语用意味。陈述语句是那样一些语句,其言说典型地具有断定即做出一个断言的意味。因此,对于"什么是语句,以及为什么会有语句?"的问题,存在着现成的回答,而这些回答对次语句表达式却不是现成的。语句是这样的语言表达式,它们的非嵌入的言说,施行了诸如做出断言、询问问题或下达命令之类的言语行为。没有这种范畴的语言表达式,就不可能有任何种类的言语行为,因此也就不可能有任何具体的语言实践。

从这个观点看,为什么应该有次语句表达式这一点就不是很清楚的,因为它们不可能像语句那样,起到同样基本的语用作用。因此我们一开始就应该问一个比这一章的标题更加一般的问题:"什么是次语句表达式,以及为什么存在次语句表达式?"既然语句具有语用优先性,为什么还要辨别其他具有语义意味的范畴? 语句被指派了语义内容,它们是对人们在断言语句时他们在做什么、他们断言了什么以及他们据此会承认什么信念的解释的一部分。但言说一个本质上是次语句的表达式,如一个单称词,并不是在施行这种言语行为。它本身并没有在语言游戏中走出一步,并没有改变听者恰当地归属给说者的承诺和态度的分值。

---

① Gottlob Frege, *Grundlagen*,"导论"第 46、60、62 节;英译本见 *Foundations of Arithmetic*, trans. J. L. Austin New York: Harper and Row, 1960。

因此,这种语言表达式不能在语句能具有语义内容的同样意义上具有语义内容。它们不能充当**推论**的前提和结论。就它们的言说,作为语句中的组成部分,对于那些语句的内容(在基础的、实践相关的推论意义上)有所贡献而言,它们只能在一个派生的意义上,被当作是有语义内容的。

如果因为其语用优先性,一个人选择从对语句的语义诠释开始的话,那么把它们加以分解以便也能够诠释次语句表达式的动机是什么呢?为什么要承认在语句之外,还存在具有语义意味的任何其他范畴的表达式?弗雷格在他晚期的一篇文章中是以这样的回应开始的:"让人吃惊的是语言能做什么。借助一些音节,它可以表达无数的思想,以至于甚至一个人初次把握的思想也可以被置于语词的形式中而被他人所理解,而这一思想对于他而言完全是新的。如果我们不能区分出相应于语句组成部分的思想组成部分的话,这是不可能的。"①

产生和理解无数新颖语句的能力是语言实践的惊人的、本质的特征。正如乔姆斯基曾经强调过的,这种创造性是规律而不是例外。一个成年母语说话者所说出的几乎每个语句,都是第一次被说出的——不仅对那个说话者是第一次,而且在人类历史上也是第一次。这一语句的新颖性以很高比率出现在对于经验层面所记录的话语的勘察中,并且也很明显地建立在统计的根据上——当人们拿比如由三十或更少的语词所组成的语句数目,和英语说话者所说的一直存在于那里的语句数目加以比较时,即使我们从未做过其他任何事情,这一很高的比率也很明显②。"请把那盐递过来"可能有很多用法,但极其不可能的是,比如,从这本书中随机挑出一个语句,它曾经被写下过或另外被其他人言说过。

常常有这样一种观点,认为在训练过程中,个体说话者所接触的,只

---

① Gottlob Frege, "Compound Thoughts," *Mind* 72(1963): 1.
② 当然,在某种意义上,即便把自己限制在基本语汇上,我们也不知道有多少这样的语句,因为我们没有关于任何自然语言的句法适当的语法。但是,存在着只产生英语语句的诸多语法。困难在于:获得一个产生**所有**它们的语法而又不产生所有种类的垃圾。

是对数量相对小的有限语句的正确使用，然后在此基础上，一定以某种方式——回应的以及生产的——获得对支配无限更大数量语句的实践恰当性的实际掌握①。然而，解释从一些语句的恰当使用投射（projecting）许多语句的恰当使用的可能性的需要，并不就是对通过个体学习语言的说明的一种限制。因为，有趣的不仅仅是（获得实际语言能力的）这种窍门如何可能发挥作用，而且同样地是这种窍门存在于何处，什么算是发挥作用？正如我刚才所说的，（按照共同体成员最具包容性的历时性标准所定义的）整个语言共同体只是产生出（作为正确的）或回应了（作为正确的）一个相对小的语句的集合——相对于这样一些语句的集合而言；一个人一旦将一种语言归属给一群人，就因而有义务认为他们以某种方式决定了这些语句的正确用法。在迄今无人使用过的语句的正确使用与不正确使用之间存在区别的观点，涉及某种投射。

我们最好追随弗雷格，认真对待这一事实：毕竟，我们所熟悉的语句的确是有组成部分的。解释投射的两阶段构成策略（two-stage compositional strategy）认为，由支配那个更小的语句样本集——它是被投射的——的使用恰当性所解决的，是可由它们的分析或分解所产生的次语句成分的正确使用。这些成分的正确使用，于是便被理解为也决定了它们进一步组成的新颖语句的正确使用②。语言共同体决定了某些语句的正确使用，从而决定了它们所涉及的语词的正确使用，并因此也决定了可以通过使用那些词来表达的其他语句的正确使用。（注意，

---

① 例如，唐纳德·戴维森在他颇有影响的"Theories of Meaning and Learnable Languages"一文中强调了这一点，重印于 Donald Davidson, *Inquiries into Truth and Interpretation*, Oxford: Clarendon Press, 1984, pp. 3-16。

② 注意，这种策略所着力解决的投射问题与从制约着一个句子集合的恰当性转移到制约一个超级集合的使用的恰当性有关。一个相当不同的问题牵涉的是甚至一个初始次集合中的句子的正确使用与使用的实际场合或共同体使用它们的倾向之间的关系。这些问题必须被严格区分，因为第一个问题还是在规范的维度之内，是在追问两套不同的嵌入在实践中的规范的关系，而第二个问题追问的是这样一些规范与表达它们的非规范的事件之间的关系。

我在谈从制约其他语句的**恰当性**到制约某些语句的**恰当性**的投射,而**不是**谈从非规范地描述的**倾向**到任何那些恰当性的投射。)

在新颖语句的恰当使用与不恰当使用之间,投射一种区别的需要,为回答"次语句表达式是用来干什么的?"或"为什么存在次语句表达式?"的问题提供了一个大致轮廓。但是,从功能上说,什么**是**次语句表达式?按照两阶段的解释图式,对于次语句表达式的正确使用,存在两种制约,分别对应于它们的分解和组合作用。它们的正确使用,一定是由它们在其中作为构成成分出现的那些语句的相对小的子集合的正确使用所决定的,而它们的正确使用一定共同决定了它们在其中作为构成成分出现的所有语句的正确使用。

弗雷格认同的解决方案的关键,是**替换**概念。因为第一个阶段,或分解阶段,通过被归类为彼此的替换变项,也就是说,通过可替换地通达彼此而相互关联,语句会被分析为次语句构成成分。在弗雷格的意义上,将两个语句看作彼此的替换变项,也就是辨识出在它们中应用了同样的函数(function)。在第二个阶段,或重组阶段,新颖的语句(以及它们的诠释)产生于将熟悉的函数应用到熟悉的可替换表达式。有关语句的熟悉类别的那些熟悉的替换变化,导致了许多不熟悉语句的产生。这种有关次语句表达式及其诠释的性质的替换线索,正是下面要继续讨论的。

二、什么是单称词?

1. 句法:替换-结构的作用

首先,让我来谈谈**句法**。"什么是单称词?"有些人已经提出了这个问题,他们已经理解(或准备自称理解)将一个表达式作为语句加以使用是怎么回事,但承认对于在这些语句中出现的单称词的独特贡献感到困惑。处理这种情况的一条路径①是从语用学开始,对一些基本种类的言语行为的意味加以说明。要使这里所说的行为能成为言语行为,那些基本的种类必须包括**断言行为**(asserting),通过坚持这一主张,一条围绕**语言**的(the linguistic)界线于是可以被划出。然后,一个一般的语用学理论为每一个**言语**行为明确了情境——在这些情境中,根据语言共同体的实践,一个人被看作有资格或有义务去施行它——并且明确了这种施行对于各种对话参与者(包括施行者)因此有资格或有义务去做的事情造成了什么样的不同。断言的施行(从而具体的语言实践)继而被**推论的**阐明挑选出来:按照这一方式,语用的情境和断言行为的后果,依赖于语句之间根据和结论的推论关系。语句范畴于是被定义为包括了这样一些表达式,它们的(无论是独立的还是非嵌入的)言说,典型地具有施行一种基本种类的言语行为的意义。一对语句②可以说具有相同的语用潜力——如果跨越整个多样性的可能语境,它们的言说是具有同样语用意味(弗雷格式的效力)的言语行为的话。

于是,弗雷格的**替换**概念便被再次用来界定语言表达式的次语句范畴。如果任何包含次语句表达式的构造完整的语句(可用来施行一种基本种类的言语行为的语言表达式),不会只是由于另一个次语句表达式替换了这一个次语句表达式而可能转变为某种不是语句的东西的话,那么这两个次语句表达式就属于同一个句法或语法范畴。如果用一个替换另一个仍保留了它们出现于其中的语句的语用潜力的话,那么相同语法范畴的两个次语句表达式便分享了一个语义学内容。于是,具有共同内容的次语句表达式的相互替换,可以被要求用来保留它们出现于其中的那些语句(以及其他表达式)的语义内容。按照这一方式,替换的观念允许仅由关于效力或语用意味的说明为开端,来定义表达式之间的句法

---

① 大致说来,我的 *Making It Explicit* 一书采用了这一方向(Cambridge, Mass.: Harvard University Press, 1994)。
② 出于本章的目的,类型/殊型(type/token)的问题在此不予讨论。

上和语义上的等值关系。这些关系仅在替换的不变项式（invariants）方面有所不同：那些因此通过相互替换而保留下来的被当作构造完善的表达式，共享了一种句法范畴；那些因此保留了语用潜力的表达式则共享了一种语义内容。

关于这个替换机制，存在着表达式种类可以发挥的三种作用。一个表达式可以被替换为（substituted *for*），即作为复合表达式的构成成分，代替另一个表达式或被另一个表达式所代替；一个表达式可以被替换入（substituted *in*），即作为构成成分的表达式（它可以被替换为）出现于其中的复合表达式。最后，存在着替换框架或剩余物：对于两个被替换入的表达式——它们是彼此的（对应于不同的被替换为的表达式）替换变项——是共同的东西：通过用'p'替换'q'，'q→r'来自'p→r'。对于两个替换变项是共同的替换框架，可以用'α→r'来标识，其中'α'标识出了一个恰当的被替换为的表达式会出现的位置。

被替换入，被替换为，或替换框架，是表达式（的集合）可以起到的**替换结构**的作用。"作为……的替换变项"（*being a substitutional variant of*）的关系，是在被替换入的表达式之间获得的，因此这些被替换入的表达式一定已经得到了识别。替换的变化通过一对被替换为的表达式所标明，它们因此也一定是先前就可被区分的①。与此相对照，替换框架不是替换过程的原材料；它们是它的产物。识别替换框架的出现，比如在'p→r'中的'α→r'，就是把'p→r'设想为与所有它的诸如'q→r'的替换变项的集合相配对。只有在一种替换关系已被设立之后，这些才是可得的。因为这一理由，被替换为和被替换入可以说是基本的替换结构的作用，而成为一个替换框架则是一个（替换地）**派生**的替换结构的作用。

---

① 这一要求不是绝对的。我的"Singular Terms and Sentential Sign Designs，"*Philosophical Topics* 15, no. 1 (Spring 1987)：125 - 167(以下简称"STSSD")一文表明了如何处理被替换入表达式之间的替换关系，以及如何在没有先前可区分的被替换为表达式的条件下做到这一点。

弗雷格首次使用诸如这些区分来描述单称词和谓词的作用。弗雷格的想法是,谓词是当单称词在语句中被替代为时所形成的替换语句框架①。这就是为什么谓词具有而单称词并不具有变元身份(argument places)和固定参数(fixed adicities)的原因。但很清楚,起到关于语句替换的被替换为和替换框架的替换结构的作用,本身并不足以允许语句表达式分别被识别为单称词和谓词。因为,正如前面段落的图式例子所表明的,被替换为的东西也许是语句而不是单称词,由替换的各种变化语句(的集合)所展示的框架由此成为语句连词或算子而不是谓词②。不过,替换结构的作用的确为成为单称词和谓词提供了重要的必要条件。

为什么不把谓词也当作可被替换为的表达式？如果当被替换为这个范畴是单称词时,"康德赞赏卢梭"有"卢梭赞赏卢梭"作为替换变项的话,那难道不能有当被替换为这个范畴是谓词时"康德比卢梭更准时"作为替换变项吗？的确,在假定了上面已经给出的有关"范畴"的替换定义的情况下,难道关于作为一个表达式范畴的谓词的谈论不是预设了一个谓词替代另一个谓词的可能性？当然预设了。但尽管两个概念因此都可以在保留语句完善构造的情况下用来同化表达式,在用一个表达式**替换**(substituting)另一个表达式与用一个语句框架**替代**(replacing)另一个语句框架之间做出区分,仍然是很重要的。

---

① 严格说来,这只对达米特所说的"复杂"谓词而不是"简单"谓词才是真的,关于这一点本章在后面会讨论。但是正如达米特在做出这种区分时所指出的,弗雷格"不声不响地将简单谓词同化为复杂谓词"(Michael Dummett, *Frege's Philosophy of Language*, New York: Harper and Row, 1973, p. 30)。

② 从弗雷格成熟的观点看,并不需要做出这一资格限制:语句**是**单称词,框架**是**谓词。这是促使弗雷格将语句归类为单称词的原因。正如本章后面将会指出的,这不必是关于语句的整个叙述,即一个使弗雷格能多少免疫于达米特对于这一点的令人吃惊的回应的事实。作为次语句表达式,语句是单称词,这一论点对于达米特所抱怨的、有异议的涵义[丧失了可用来在语言游戏中走一步的语句的特别作用——仿佛弗雷格并没有效力的观念,仿佛对于他而言,真(the Truth)或假(the False)的名称并不起特别的作用]而言是无辜的,因为语句**本质上**不是次语句表达式,它们不是作为次语句表达式而拥有它们的特殊语用位置。(我感谢约翰·麦克道威尔指出了这一点。)

一开始就应该记住，替代运作其上的框架本身必须被理解为前一种替换运作的产物。例如，起到语句框架替换派生作用的，只有在延伸的意义上，才能被认作**表达式**。它们更像是语句表达式中的可辨识的**类型**，或这种表达式的集合，而不像它们的组成部分。语句框架是达米特所说的**复杂谓词**，而不是**简单谓词**。语句框架不是语句的在先构成成分，而是对它加以分析的产物——特别是当它的实际构成成分中的一个或多个被替换为时，通过同化于与它相关的作为替换变项的其他语句。作为结果，相对于这种分析，一个语句可以展示许多可被替换为的表达式的存在，但只有一个框架来自这种替换。进一步的区分——也是语句框架的替换派生身份（the substitutionally derivative status）的后果——是，替代语句框架或者更一般地在第二种更为宽泛的意义上辨识替换变项——它涉及对派生范畴的替代——需要匹配变元身份并追踪它们之间的相互参照（cross-referencing）①。在属于替换的基本范畴的替换为表达式那里，并没有类似的情况。因此，尽管在定义表达式的句

---

① 这一点不同于，尽管相关于，达米特在 Frege's Philosophy of Language 一书第二章在简单谓词与复杂谓词之间所做的区分。达米特在那里指出[追随吉奇在"Quine on Classes and Properties"（Philosophical Review 62[1953]: 409 - 412）一文中的讨论]，不存在简单的**部分**或"卢梭赞赏卢梭"和"康德赞赏康德"所共有的——同样不是"康德欣赏卢梭"的一部分——次表达式（subexpression）。然而，前两者彼此共享而没有和第三者共享一个复杂的谓词。弗雷格的伟大发现之一是，一个人必须能辨识这个意义上的谓词（复杂的，或替换派生的谓词）以便能够鉴别像"赞赏某个人的任何人也赞赏自己"这种语句的推论作用。因为一个人必须鉴别它们例示的不同类型，以便能够看到，在那个量化断言的语境中，"康德赞赏卢梭"蕴含着"康德赞赏康德"。因此，起到派生的替换结构作用的谓词身份是斯特劳森把谓词从单称词中区分出来的第二个圣痕（stigmata）的理由：它们受量化的支配。关注量化，特别是关注对量化断言的推论作用的整理，强化了在简单谓词与复杂谓词之间的区别，在可被替换为的表达式和那些替换框架表达式之间的区分。但是，这一区分的需要，如同达米特所指出的（Frege's Philosophy of Language, pp. 28,30），并不只是语言中存在量化语言风格的后果。复杂谓词一定被已经掌握了那种推论类型的所有人所辨识，那种推论类型通常由诸如 (x)(y)[Rxy→Rxx] 这类量化表达式而清晰化。这种推论连接在语言中已经是重要的，即便还没有引入量词将它们清晰地整理为断言的内容。必须做重要的工作（"STSSD"表明了它可以被做以及如何被做），以便将在此被界定的、作为替换的多样变化语句的等值类型的谓词观念，转变为相互参照的谓词的内容充实的观念，如量词的引入所要求的那样。

法等值类别时,派生表达式的替代非常类似于基本表达式替换为,但在后面将会看到的一些重要方面,它们是不同的。

2. 语义学:替换-推论的意味

现在我来谈谈**语义学**。遵循第一章中所引入的思路为我们提供了这样的线索:某种次语句表达式在语句中出现,其**推论**意味是什么?这个问题的提出,使关注点从替换关系的句法后果转向了它们的特定语义意味。

使替换变化的被替换入语句具有前提和结论关系的推论,可以被称作**替换推论**。以下从

本杰明·富兰克林发明了双焦点透镜

到

美国的第一个邮政大臣发明了双焦点透镜

的推论是一个例子。

那个作为前提的语句是被替换入的,而一个单称词是被替换为的,目的是一起产生出那个结论。因为本杰明·富兰克林是美国第一位邮政大臣,从前提到其替换变项的推论是真值保留的:在恰当的语境中,对前提的承诺包含了对结论的承诺。

上述的替换推论**实质包含了**特殊的单称词,这些单称词在推论中出现(并被替代为)。特殊的谓词不是实质包含的。因为,用其他谓词替代那个谓词而不影响推论的正确性(在这种情况下,是身份-保留)是可能的。因此,如果"α发明了双焦点透镜"被"α在走路"所替代,从

本杰明·富兰克林在走路

到

美国的第一个邮政大臣在走路

这一替换推论在原先的同样假设下仍会是正确的。

替代替换框架的想法允许,比如,在"任何赞赏某个人的人也赞赏他自己"中被量化的替换例子,诸如:

卢梭赞赏蒙田并且卢梭赞赏卢梭

作为

卢梭写关于蒙田的文章并且卢梭写关于卢梭的文章的**框架变项**而出现,当"α 赞赏 β 并且 α 赞赏 α"被"α 写关于 β 的文章并且 α 写关于 α 的文章"所替代时。替换推论的概念可以被扩展以包含这样一些推论:它们的结论来自对前提所展示出的替换框架或类型的替代。也就是说,被称为"替换推论"的那些推论的结论,可以**要么**是框架变项,要么是那些前提的严格的替换变项(对应于基本的和派生的替换变化)。

实质包含单称词的(在此广义上的)替换推论,在其形式结构方面,不同于实质包含谓词的替换推论。这个不同提供了另一种方式,把单称词的特别作用与其他次语句表达式——谓词是典型——的特别作用区别开来。这一点是斯特劳森(在他的《逻辑和语法中的主词与谓词》)注意到了的。他观察到,谓词而不是单称词,处于"单向推论包含"("one-way inferential involvement")中。如果从"本杰明·富兰克林走路"到"双焦点透镜的发明者走路"的推论是一个好的推论的话,那么从"双焦点透镜的发明者走路"到"本杰明·富兰克林走路"也是一个好的推论。单称词的替换产生出可逆的推论。但这并不能推出,就因为从"本杰明·富兰克林走路"到"本杰明·富兰克林移动"的推论是好的推论,从"本杰明·富兰克林移动"到"本杰明·富兰克林走路"便也是一个好的推论。谓词的替代并不必然产生可逆的推论。实质包含单称词的替换推论原则上是对称的,而所有谓词都实质地被包含于某些不对称的替换推论中(尽管它们也可以被包含在某些对称的替换推论中)。

思考这种不同的一种方式是,在根据某种语义相关东西的保留来界定替换推论的好(goodness)的地方,那些推论的自反性(reflexivity)和传递性(transitivity)借由保留关系的性质而得以保证。从 p 到 p 的磕磕巴巴的推论保存了 p 可能被赋予的一切身份,而如果从 p 到 q 的推论保留了那一身份,并且从 q 到 r 的推论也保存了它的话,那么,p 到 r 的推论也一定保存了那一身份。然而,这一关系的对称性既不是由其作为一种推论关系的身份来保证的,也不是由那前提的某种身份被保留或传递①到结论时它的相应不变来保证的。谓词的替换推论可以是非对称的,而单称词的替换推论则总是对称的。

因此,根据实质包含了单称词的好的替换推论,单称词被一组一组地划分为等值的类,而谓词则被一组一组地划分为自反的、传递的、不对称的结构或家族。这就是说,在一切从更弱谓词的可运用性(applicability)中得出东西也能从更强谓词的可运用性中得出但反之则不然的意义上,有些谓词在推论方面是弱于其他谓词的。"……走路"的恰当运用的标准和情境形成了"……移动"的恰当运用的标准和情境的真子集。相比之下,单称词并不实质地包含于结论在推论上弱于其前提的替换推论中②。要把一个单称词引入语言之中,人们必须不仅要明确运用的标准,而且要明确同一性的标准,明确哪些语言表达式是可以与它相互替换的。

这种推论互换性的等值类中的每一个成员,都以对称的以及无差别的方式,为此类中每个其他表达式提供了恰当运用的充分条件以及运用的恰当必然后果③。因此,当支配单称词使用的实质替换推论承诺被清

---

① 人们不应该认为,所有推论的好都必须符合保留模型。根据这一模型,存在一种身份,以至于如果结论有着和前提一样的身份,推论就是好的(人们仅仅应该认为,所有好的推论都有某种替换的适宜)。身份"传递"观念旨在表明,前提拥有的身份(例如,S用断言的方式对它做出了承诺)保证了结论拥有那个身份,或为结论拥有那个身份提供了理由。这里的谈论适用于保留承诺(commitment-preserving)的推论(演绎推论是这个属的一个种)。但是应该注意,它们无需适用于保留资格(entitlement-preserving)的推论(归纳推论是这个属的一个种)。我感谢厄内斯特·雷博尔(Ernest LePore)指出了这一点。
② 对替换推论的限制是需要的,因为一个人可以,比如,从单称词的适用性中不对称地推出谓词的适用性:从"双焦点透镜的发明者是本杰明·富兰克林"到"双焦点透镜的发明者是美国人"。即便是在允许框架替代的延伸意义上,这些也不能算作替换推论,因为它们超出了句法范畴边界。
③ 种类词,诸如"狗"和"哺乳动物",似乎与这一断言相矛盾。因为把它们和谓词区分开来的就在于它们不仅与运用的标准相关,也与同一性标准相关,然而它们可以被实质地包含在弱化推论中:"特拉是一条狗,因此特拉是哺乳动物。"但是它们的同一性标准不适用于实质地包含种类本身的替换,而是适用于实质地包含种类适用的那些单称词的替换。

晰化为断言承诺的内容时,它们采用了同一性断言的形式。同一性语言风格可以表达具有相互替换认可意味的断言。弱化推论,即共同构造了谓词表达式的不对称替换意义的单向推论包含,通过对量化条件句的使用而以断言的方式被清晰化了。因此,"本杰明·富兰克林是(=)双焦点透镜的发明者",而"任何能走路的事物,都能移动"。

3. 简单的实质替换-推论承诺

从"双焦点透镜的发明者写了关于电学的文章"到"美国的第一位邮政大臣写了关于电学的文章"的替换推论是一个实质推论。我在"双焦点透镜的发明者"这个词项上联结实质内容,一定程度上就在于我接受这个替换推论——它对应于用"美国第一个邮政大臣"的出现替代了那个词的出现(以及反过来)——是好推论的承诺。那个承诺具有一个一般的替换推论的意味,它要说的是,上文所认可的特殊实质推论,作为一个一般模式的例子,是正确的。关于"双焦点透镜的发明者"和"美国第一个邮政大臣"的同样的实质替换承诺,也支配着从"双焦点透镜的发明者是位印刷工"到"美国第一位邮政大臣是一位印刷工"的推论的恰当性,以及从"双焦点透镜的发明者说法语"到"美国第一位邮政大臣说法语"这种推论的恰当性,以及无数的其他推论的恰当性。因此,关于两个表达式的简单的实质替换推论的承诺,穿越了许多替换入语句和剩余的语句框架,决定了实质上包含那些表达式的大量替换推论的正确性。

而且,导致或来自"双焦点透镜的发明者是位印刷工"的替换推论完全由简单的实质替换推论承诺(simple material substitution-inferential commitments 即 SMSICs)所决定,SMSICs 把表达式"双焦点透镜的发明者"与另一个表达式联结在一起。然而,并非所有那些表达式的出现,都具有以这种方式所确定的替换推论意义。例如,它并不能解决从

当前的美国邮政大臣相信美国第一位邮政大臣是名印刷工

到

当前的美国邮政大臣相信双焦点透镜的发明者是名印刷工①的替换推论的正当性。

这些观察激发了将一个表达式的某些出现(occurances)——在"出现"的句法意义上——认作它的额外的具有语义学意味的出现。除语句状态之外,一个次语句表达式,只是在可被它的同类范畴的其他语言表达式所替代的情况下(不论在被替换为的原初意义上,还是在间接意义上,对于替换派生范畴的表达式,都是恰当的),才有作为一个语句构成成分(被语句所展示)的句法显现。[由于替代是可逆的且保留了语句状态的对称性,故句法范畴是交互替代性的等值类(interrepla-ceability equivalence classes)]。要使这种句法意义上的表达式的出现也能被当作语句中具有原初替换语义的出现,产生和产生于那个语句的替换推论——那个表达式被实质地包含其中——必须受到一组将这个表达式与另一个表达式联结起来的(决定了推论恰当性的)简单实质替换推论的承诺的支配②。

连接次语句表达式的 SMSICs 如何决定了替换推论——在其中,展示那些语言表达式的原初替换语义出现的语句,扮演了前提和结论的角色——的正确性?根据一个一般的模式,关于 A 和 A′的实质替换-推论的承诺就是这样一个承诺:"对于任何 B,AB 是一个语句,其中 A 有着原初的替换语义出现,那么从 AB 到 A′B 就是一个好的推论"。相似地,关于 B 和 B′的实质替换-推论的承诺就是这样一种承诺:"对于任何 A,AB 是一个句子,其中 B 有着原初的替换语义的出现,从 AB 到 AB′的推论是一个好的推论。"关于连接替换承诺与替换推论的结构,有五点需要注意。

---

① 这里讨论的是如下区分的一个推论主义版本,即作为典型的单称词在外延的与非外延的(或透明的与不透明的)语境下出现之间的区分。
② 这不需要否认,其意味不以这种方式受到支配的那些出现,在第二种意义上,是有语义学意味的,只有当原初意义被理解后,它才能得到解释。这一点会有进一步的讨论。

第一,**所有**替换推论——诸如 AB 之类的语句在其中扮演前提或结论角色的——都按照这个类型,由处理表达式——它们在 AB(可以是但不必只是 A 和 B)中具有原初替换语义显现——的所有 SMSICs 来决定。第二,对于产生和产生于一个语句的替换推论的恰当性的责任,是和处理一个特殊表达式——它对该表达式被实质包含其中的那个推论负有责任——的 SMSICs 一起,在各种原初出现于那个语句的次语句表达式之间进行分配的。每一个表达式的内容(推论的实质恰当性的决定者)都在将它和其他表达式连接起来的 SMSICs 的集合中得以再现。只有对应于在语句中具有原初出现的次语句表达式的所有 SMSICs 之间的合作,才解决了它作为前提或结论出现于其中的替换推论的集合的正确性。第三,决定实质推论(将它的各方面分配给不同种类的表达式)正确性的这一劳动分工的后果是,实质推论的作用因此已经为那些熟悉的构成成分的新颖组合决定好了。因此,即使从没有人遇到过语句 $A'B'$,上面所引的 SMSICs 也决定了对从 AB 到 $A'B'$ 这一推论恰当性的承诺。其他已经就位的 SMSICs 可以同样的方式认可从 $A'B'$ 到 $A''B'$ 的推论,如此等等。于是,积聚这种内容(决定推论的实质恰当性的东西),以关于成对表达式的替换承诺的形式与次语句表达式联系在一起,使得我们能够从包含相对很少的、熟悉的语句的恰当性中投射包含潜在的、更大的新颖语句集合的替换推论的实质恰当性。第四,按照这一模型,如何理解内容的增加或变更是很清楚的。因为,当我发现或确定(这会在断言中得到清晰的表达)双焦点透镜的发明者就是避雷针的发明者,并由此接受了一个新的简单实质替换推论的承诺时,不论是这些表达式在其中具有原初出现的语句,还是以替换方式与它们相连的其他语句,其替换推论的潜能,都以决定性的和可预测的方式被改变了。第五,因为同样的理由,很容易理解,在引入新的次语句语汇以表达新颖内容时,什么东西被包含了。这种语汇,会对语句的严格推论内容做出和旧语汇所做出的完全相同的贡献,只要它的使用通过恰当的 SMSICs 而被连结在旧语汇的使用上。

　　这五个观察所对应的恰当性标准，共同构成了辨识具有语义意味的次语句结构的**关键**——一旦语句在语用的以及因此在语义的方面的优先性得到承认。在这种关于如何将语句从语义方面有意义地分解为它们的组成成分的理解的背景下，制约单称词的实质替换承诺与制约谓词的实质替换承诺之间的形式上的差异，就变得特别醒目了。决定单称词出现的实质推论意味的 SMSICs 是对称的：对于 A′ 替换 A 所产生的推论正确性的承诺，也是对于 A 替换 A′ 所产生的推论正确性的承诺。相比之下，决定任何谓词出现的实质推论意味的 SMSICs 的集合，包括了非对称的推论。从这个观点看，单称词的特别之处在于，使一对对词关联起来的简单实质替换推论承诺将词的集合区分为许多等值的类。这就说明了，成为一个单称词旨在指称的（特殊）对象是怎么一回事。可交互替换的词的等值的类，代表了一个对象。从对可以用来确定对象的词的等值类的所下的替换定义，可以得出，谈论只存在一个单称词的语言是没有意义的（**抱歉**，就像布拉德雷和罗伊斯所企图使用的"绝对"那个表达式那样），谈论原则上只能以一种方式（用一个词）加以指称的对象也是没有意义的。相比之下，赋予谓词以实质推论内容的 SMSICs 并不把那些表达式分离为等值的类，因此并不赋予一种旨在挑选出一个对象的内容。被赋予谓词实质内容的非对称结构是非常不同的。

　　这样，便有了各种次语句范畴表达式的出现可能拥有的两种基本的替换推论意味：对称的和不对称的。迄今为止，我们主张，将某个次语句表达式的种类认定为是谓词的必要条件是，那种表达式被实质地包含于某些非对称的替换推论中，而将某个次语句表达式种类认定为是单称词的必要条件是，那种表达式仅被实质地包含于对称的替换推论中。这些成对的必要的语义条件，根据替换推论的意味（substitution-inferential significance，即 SIS），把单称词与谓词区分开来，它们可以和这些成对的必要的句法条件——根据替换结构的作用（substitution-structural role，即 SSR）把单称词与谓词区分开来——并列存在。于是表明，这些单个的必要条件，即对称的 SIS 和替换的 SSR，共同充分地刻画出一类表达式的哪些使用能够表明它是在起到单称词的作用。在本章的余下部分中，"单称词"这一表达式被用来指这样一些表达式：它们起到了句法替换和语义替换的双重作用。这里提出的论证适用于任何起到这种作用的表达式。

三、为什么存在单称词？

1. 四个可供选择的次语句分析

对于"什么是单称词"问题，我的回答是：它们是被替换为的表达式，它们的出现是有对称推论意味的。"为什么会存在单称词？"的问题现在可以用更加明确的方式表述如下：为什么被替换为的表达式应该被限制于对称推论意味？这种安排起到了什么作用？

为什么将语句内容分解为次语句构成成分的替换解剖刀的使用，需要将替换框架与被替换为的表达式区分开来，这一点已足够清楚了。但为什么任何一种次语句表达式都应该具有一种对称的 SIS？且如果出于某种理由，必须有某种次语句表达式具有对称的 SIS 的话，那为什么应该是被替换为的东西而不是对应的替换框架呢？

什么是可供选择的选项？它们的结构由先前的那对区分展现出来，即两种替换结构的句法角色之间的区分，以及两种替换推论的语义意味之间的区分。因此，各种可能性是：

（1）被替代**为**的是对称的；替换**框架**是对称的
（2）被替代**为**的是非对称的；替换**框架**是对称的
（3）被替代**为**的是非对称的；替换**框架**是非对称的
（4）被替代**为**的是对称的；替换**框架**是非对称的

最后那个排列（4）是在具有单称词的语言中实现的。问为什么这种句法和语义作用的组合被青睐,也就是问其他的排列错在哪里。是什么排除了(1)(2)以及(3)?哪种考虑能排除它们?这里所追求的策略,是考察那些各种各样的复杂的替换角色中的每一个对于语言的表达能力所施加的限制。

从第一个可供选择的选项开始考察是比较好的,因为它比较容易被剔除出局。用替换方式辨识次语句结构在语义方面的重要性体现在:通过将实质内容与可重新组合的次语句表达式联结起来,整理出一块有关语句的推论恰当性的前件区域,以便能够导出那些推论的恰当性,并根据实质替换承诺之替换推论意味的一般类型,投射进一步而来的恰当性。但是,那些其推论得到整理的被替换入语句(substituted-in sentences),本身是处于"单向推论包含"("one-way inferential involvement")中的。一个推论的好,可以要求当结论被用来替换前提时,某些身份(信念的或断言的承诺、真以及类似的东西)得以保留。但反向的替代却不必保留那个身份。考虑到正确性,替换推论并不总是可逆的。结论常常在推论方面弱于它从中导出的前提。限制在只可被对称有效的实质推论所赋予的语句内容,也就是限制在完全无法被我们如此看待的语句内容的约束。但是,如果被替换为的表达式和替换框架——它们是类型,按照这些类型,它们同化被替换入语句——都只是根据对称的SMSICs才有意味的话,那么包括被替换入语句的不对称推论关系绝不可能被整理为实质包括次语句表达式的替换推论,并因此而得到关于那些语言表达式的SMSICs的认可。由于要被整理的推论包括不对称的推论,因此要么是被替换为表达式,要么是替换框架,要么是它们两者,必定被赋予了不对称的替换推论的意味。

其他两个可供选择的选项(2)和(3)在给被替换为表达式分配不对称替换推论意味方面是相似的。如果能发现排除将这种句法的和语义的替换角色相结合的好理由,那么就能表明运用单称词以及它们相应的语句框架的必要性。因为,如果可以表明,被替换为的东西必须具有对称的替换推论意味的话,那么依据上文刚给出的论证,既然起到某种替换结构作用的表达式必定是非对称的,那就能从中得出,替换框架必然允许非对称的替换。而这样一种角色组合,正是已经提出的作为单称词和谓词特征的那些角色的组合。

第一个任务是回答"什么是单称词"这一问题。已经给出的答案是,它们是这样一种表达式:在句法一面,起到了被替换为的替换结构的作用;在语义一面,具有对称的替换推论意味。第二个任务是通过解释为什么被替换为表达式的出现,其推论意义一定是对称的(并且把表达式分解为实质上等值的类,这些类的要素因此共同旨在确定某个对象),来回答"为什么会有单称词"这一问题。它采取的论证形式是:某些关键种类的表达力(expressive power)会在一种被替换为表达式的意味被允许是非对称的语言中遗失。

2. 论证

具有不对称推论意味的被替换为表达式有什么问题呢?连接被替换为表达式 a 和 b 的不对称的简单实质的替换推论承诺,是对于作为某种类型的所有个例的推论的好(goodness)的承诺。如果 Pa 是任何语句,其中 a 具有原初出现,那么从 Pa 到 Pb(在 Pa 中用 b 替换 a 的结果)的推论就是一个好的推论,尽管反向的推论也许不是。辨识替换为表达式原初出现的关键,取决于这些概括。因为在将特殊的被替换为与实质内容联系起来的基础上——以一种把它们的使用与其他被替换为的使用关联在一起的简单替换推论承诺的确定集合的形式——它们提供了允许投射替换推论恰当性的那种链接。推动关于被替换为(substituted-fors)的非对称意味的替换承诺的概括是否有意义,取决于被替换入语句所表达的内容,并且正是这一事实最终被证明授予了被替换为表达式以对称的替换意味。

为了弄清一个人何以会反对承认非对称地有意味的被替换为表达式,考虑一下如果出现下述情况会怎么样:存在一个一般的处方,在给定框架 Qa 的条件下,在如下意义上产生出与它在推论上互补的框架 Q′a,即：每个 Q′a 都被如此地构造以至于每当从 Qx 到 Qy 的推论是好的但反过来不可以(直觉上,因为 y 推论地弱于 x,就像"哺乳动物"推论地弱于"狗"那样)时,对于任何被替换为表达式 x 和 y 来说,从 Q′y 到 Q′x 的推论是好的,但反之则不然。这种情形排除了对**任何**被替换为表达式的任何原初替换语义出现的识别。那样就不会有任何如下的被替换为表达式的句法的出现,这些被替换为表达式的替换推论意味是由非对称的 SMSIC(那些对称的 SMSIC 这里先不讨论)正确捕捉的。因为一个把 a 连接到 b 的非对称的替换推论的承诺,通过一般化概括——对于**任何**框架 Pα 而言,从 Pa 到 Pb 的推论是一个好的推论,尽管一般不可以反向进行——支配推论的恰当性。

在目前正被考虑的这一假设下,无论选择什么样的特别例子 Pα,都有可能建构或选择一个补充性的谓词 P′α,对于它而言,只有替换推论恰当性的补充类型是行得通的。于是,在为那些任意的替换框架产生推论上构成它们补充的其他框架的处方面前,没有任何替换推论的恰当性能通过非对称的 SMSICs 被抓住,因此也没有任何对应于它们的被替换为表达式的原初替换语义的发生。于是,这一思路的结论便是：非对称意味的被替换为表达式的存在与如下情况是不相容的,即那个语言中呈现出的表达资源,足够为任意句子框架产生出推论上互补的句子框架。于是,为了解释为什么被替换为次语句表达式有着对称的替换推论的意味——根据目前的理解,也就是为了解释为什么会存在单称词——解释了如下这一点也就足够了,即如果避开了允许推论上互补的语句框架的一般形成的语汇,语言会陷入什么样的表达的贫瘠之中。

当人们已经看到具有单称词特征的句法和语义角色的特殊聚集,是存在满足这个条件的语汇所构成的语言所必需的,那么就急需弄清,什么样的语言方式使产生出任意的推论上补充的框架成为可能,以及它们在语言实践中所起到的作用何以是可有可无的。什么样的语言方式有这个力量？例子不难寻找。需要重点关注的一个例子是**条件句**。因为条件句使推论承诺清晰化为断言承诺的内容，推论地弱化条件句前件使那一条件句得到了增强。对从展示"α是一条狗"这个框架的句子到相应的"α是哺乳动物"的所有推论的认同，并不包含对于如下推论是好的的承诺，即从展示"如果α是一条狗，那么α属于古时受驯化的种"这一框架的语句到那些展示"如果α是哺乳动物，那么α属于古时受驯化的种"这一框架的语句的推论。第一个条件句的那些例子是表达正确推论的真断言，而它的替换变项的那些例子则是表达了不正确推论的错误的条件句。在很一般的意义上，假定 Qa 是一个特殊语句，其中被替换为表达式 a 有着原初出现，并且 Qb 是它的替换变项，并假定 r 是某个其他语句。那么，Qa→r 是一个 a 在其中有原初出现的语句；符号 Q′α 作为与其出现相关联、与上面被写作 Q′a 的条件句相关联的语句框架而被引入。如果 a 在推论上非对称地强于 b，那么从 Qa 到 Qb 的推论是好的，但是反向的推论不是好的（特拉是条狗，因此特拉是哺乳动物）①。但如果是这样的话，那么，从 Q′a 到 Q′b 的推论就不可能是好的，因为推论地弱化条件句前件推论地强化了这一条件句。

这个最后的描述提示了另一个例子。在否定（negation）中推论地弱化一个断言会推论地强化那个复合的否定。如果从 Qa 到 Qb 的替换推论是好的，但反向的却不是的话，那么，从∼Qa 到∼Qb 的替换推论就

---

① 这些例子只能代表在语句层次上的非对称性。单称词**并**非非对称地运作，因此非对称运作的被替换为的真实例子还没有出现。也许一个人在真实语法中所得到的最接近的例子是种类（sortals）。由于它们已经和它们有资格胜任的单称词同一性标准联系在一起，因此它们比谓词更像是词（termlike）。然而，它们确实有适当的兼容（inclusion），直接的推论弱化的观念适用于它们，就像适用于谓词一样。现在可能会有这样的异议：这些例子表明，诸如谓词这样的表达式——其显现的确具有非对称意味——可以嵌入推论颠倒的语境，这表明在有关被替代为表达式一定具有对称的替换-推论意味这一结论的类似论证中一定有什么错了。这个合法的担忧在下面会被回应，在那里，会利用基本的次语句表达式（可被替换为）与派生的次语句表达式类型（派生替换范畴的框架）——它只能被替代（作为最外面的，因此决不能被嵌入）——之间的区别。

不可能是好的。嵌入一个被否定的组成部分,像嵌入一个条件句的前件一样,会颠倒推论的方向性(polarities)。结论是,任何包含着条件句或否定句的语言都因此而具有在给定任何语句框架的情况下表述语句框架的表达资源,这一语言框架以推论上补充的方式运作,因此,在生产这种框架的过程中,排除了那些对应于支配被替换为表达式的非对称的简单实质替换推论的承诺的概括。

3. 逻辑语句算子的重要性

条件句和否定是**逻辑**语汇的基本成分。正是逻辑的语句组合的语言风格,允许推论地颠倒语句上下文的系统构造,这难道仅是一个巧合么?仅在 q 的一切后果都是 p 的后果但反之则不然(后果不是被保留而是被删除)的情形下,语句 q 在推论上弱于语句 p。这个定义的直接后果便是,推论地弱化推论前提可以使好的推论变成坏的推论。条件句的界定工作就是把推论整理为断言(使得用断定承诺的方式来清晰地表达推论承诺成为可能)。完成这一工作的关键是,可起到推论前提和结论作用的被嵌入的语句——作为组成部分,即前件和后件——出现在条件句中。作为前件的构成语句出现于其中的语境,因此必定是推论倒置的。注意,这一论证几乎没有预设有关被包含的条件句的使用细节。如果,例如那条件句具有指定的(语义或语用的)身份,也许它表达的推论保留了指定的身份,那么这就足够了。正如条件句的主要工作是整理推论一样,否定的主要工作是整理不相容性。对一个断言的否定,也就是它推论上最小的不相容:～p 是实质上不相容于 p 的一切事物所蕴含的东西①。这些潜在的不相容性引起了推论弱化的观念:"特拉是一条狗"不相容地蕴含了,并因此也在推论上强于,"特拉是哺乳动物",因为一切与"特拉是哺乳动物"不相容的东西也不相容于"特拉是条狗",

---

① 回想一下,认为 q 和 p 是不相容的,就是认为对 q 的承诺排除了承诺 p 的资格。按照这一方式,对实质不相容性的承认隐含在如下实践中,这些实践制约着对承诺和资格的相同语用身份所采取的态度(如,承担或归属),推论可以因为保留承诺和资格而被区分出来。

但是反过来却不可以（不相容性被删除了而不是被保留了）。从中可以导出，推论不相容地弱化一个被否定断言便推论不相容地强化了那个否定。正因为"特拉是哺乳动物"推论不相容地弱于"特拉是一条狗"，因此"特拉是哺乳动物不是实际情况"推论不相容地强于"特拉是一条狗不是实际情况"。因此，否定也能使任意推论补充的构造成为可能。我在第一章论证道，使（如此理解的）条件句和否定成为具体逻辑语汇的是：它们使通过断言清晰地表达实质推论和实质推论引起的不相容性成为可能，而后两者在赋予前逻辑的语句以实质内容方面起到关键作用。它们形成语义倒置的语境，正是这个主要的语义表达功能的直接后果。

由于这种语境的存在排除了非对称意味的被替换为表达式，随之而来的是，一种语言要么具有与逻辑语汇相伴的表达力，要么具有非对称的替换-推论意味的被替换为表达式，但不会同时拥有两者。为逻辑词汇的可能性留出空间，强化了对单称词（并且，作为后果，也是对谓词）而非某些其他种类的次语句表达式的辨识。

注意，这个论证所需要的逻辑语言风格只能是那样一些语言风格：它们的作用，在采取任何一种次语句替换的分析之前，只可根据**语句**的运作来界定。这个论证并不依赖于那些一开始就接触到的语句内容的任何特殊特征——这些语句内容决定了在（隐含的或清晰的）SMSICs中为替换整理提供目标的实质推论的正当性。重要的是逻辑语句连接词的表达力的可利用性。

但是，没有逻辑表达式可资利用，会在根本上使语言实践贫瘠化。任何有内容的语句的使用，都包含了对于如下推论的（实质的）正确性的隐含的承诺，即从与那个语句相关联的恰当运用情境到那种运用的后果的推论。把条件句引入语言可以用断言承诺的形式使这些隐含的、赋予内容的、实质推论的承诺清晰化。出于它后来在次语句层次上变得重要的同样理由，它在分析的基本、纯粹语句层次上也是重要的，此时同一性和量化的语言风格可以被引入以便使赋予次语句表达式以可被区分的实质推论内容的SMSICs清晰化。在各种情况下,一旦以断言的形式被清晰化,那些赋予内容的承诺会被带到给予和索取理由的游戏之中。它们将遭到明确的反驳,比如,通过与实质不相容的断言相对证,也同样会获得明确的证成,比如,通过引证实质充分的推论根据。形成和孕育我们用来思和说的概念的任务,就是把仍在晦暗朦胧之下未被质疑的实践中隐含的东西,带到作为争论的原则而清晰化的日光之中。实质内容一旦清晰化,便可被集中塑造,作为处于不同情形——物理地和信念地——中但与它们的同伴协同一致的对话者,提供反驳和证据、断言和反断言,并且发掘出可能的后果和有资格断言它们的方式。逻辑是语义自我意识和自我控制的语言机制。由逻辑语汇提供的表达资源使批判、控制和改善我们的概念成为可能。放弃这一点就要放弃很多①。然而,我们已经论证过,敞开这种可能性——即引入这种使推论清晰化的语汇——的直接(如果不是显而易见的)后果是,被替换为的次语句表达式将是单称词,它们对应的语句框架将是谓词,而这是通过它们相应的替换推论意义的对称性和非对称性的形式来判定的②。

---

① 事实上,可以论证,拥有这种反思表达能力以及伴随它的一切,造成了如此大的不同,以至于它提供了一个可在语言的与非语言的之间划出界线的合理区域。逻辑的和前逻辑的语言之间的界限在任何情形下都足够重要,因此研究能教猩猩和海豚何种语言的研究者们得到建议,最好推迟教给它们额外两百个词项或谓词的尝试,取而代之的是试着教它们使用条件句和量词。但是,存在着一些重要的情形,在那些情形下,似乎值得付出表达的代价以放弃逻辑的语句复合机制。在对话中,我的同事肯·曼德斯(Ken Manders)举出投影几何学(projective geometry)的语言作为这方面的一个例子。有时候,我们求助于"一般的点",其投影性质构成了其他点的投影性质的真子集,并因此以种类可相互关联的方式非对称地推论地彼此关联:特殊的点具有一般的点的所有性质,但反之则不然。这是如何可能的?投影性质在布尔运算(诸如取余运算)下不是闭合的,而且不能引入条件属性——这个限制有时被看作是令人困惑的。目前的论证解释了在引入一般的点和从语言——在其中,投影性质被具体化了——中排除否定及条件句之间的不明显的联系。
② 注意,对于结论的这种描述甚至可以被这样一些人所接受,他们不愿意用表达的路径来理解如何对具体逻辑语汇以及因此对逻辑功能进行划界。

四、结论

这一章的标题问了两个问题:"什么是单称词,以及为什么会有单称词?"回答第一个问题所采取的策略是聚焦替换。语言的基本单位是语句,因为正是通过言说独立的语句,言语行为得以实施。因此,语句在如下意义上是基本的:将一个共同体诠释为使用(它的实践将内容赋予)语句而非次语句表达式是融贯的,而将任何共同体诠释为使用次语句表达式而非语句则是不融贯的。但是实际上,存在着好的理由,说明为什么任何使用语句的共同体应该也被认为是使用次语句表达式的共同体。当然,是某些特殊种类的次语句表达式。

替换概念提供了一条从基本语句表达式的识别到根本次语句表达式的识别的路径。替换地切割语句,也就是随着同样的次语句表达式的出现在语句中被辨识出来,相应地对它们加以归类。这种分解是通过一组替换的转型而完成的。在一个语句中认出一组可被替换为的表达式之一的出现,其功能意味在于将那个语句看作从属于把它与其他变项语句相连接的替换转型的子集。因此,替换和被替换的表达式可以被用来标示(index)那些转型[①]。如果两个语句是彼此的替换变项(也就是说,它们可以通过替换转型从一个到达另一个),它们就可被用来展示相同的替换语句框架。这些替换归类,界定了两种基本的根本次语句表达式种类可以起到的替换结构的作用。于是,对第一个问题"什么是单称词"的前半部分答案是,**句法上**,单称词扮演了被替换**为**的替换结构的角色,而谓词则扮演了语句框架的替换结构的角色。

对于那个问题的回答的后半部分是,**语义上**,单称词是根据它们的对称替换推论意味而得以区分的。所以,如果在原初出现情况下,不论

[①] 或者,单称词可以通过那些转型而被个体化。这是在"STSSD"中所采取的路径。

语句框架是什么,与一个单称词替换另一个单称词相对应的特殊替换转型保留了某些语义相关的语句身份(承诺、资格、真或无论什么)的话,那么逆向转型也保留了那个身份,而不关乎框架。与此形成对照,每一个语句框架都涉及弱化推论,此时存在某种框架以至于用第二个框架来替代第一个框架的原初出现,总是保留了相关语句身份,无论被替换为表达式展示了什么样的结构;而逆向替代并不总是保留身份的。因为阐明与单称词相关联的语义内容的简单实质替换推论的承诺是对称的,它们的传递闭合(transitive closure)把单称词的集合区分为可交互替换的被替换为表达式的等值的类。正是由于它们用法上的这一明确特征,单称词可以被说成是"旨在指称一个对象"。

于是,对"什么是单称词"这一问题的完整回答便是,单称词是从替换方面被区分的、本质上可以扮演双重角色的次语句表达式。句法上,它们扮演了被替换**为**的替换结构角色。语义上,它们的原初出现有着**对称的**替换推论意味。相比之下,谓词在句法上是替换结构的**框架**,在语义上,它们的原初出现有着**非对称的**替换推论意味。对第一个问题的这个精确替换回答,为第二个问题提供了明确的方向。

问为什么会有单称词,也就是问为什么被替换为表达式(以及因此那种基本的替换结构表达式)应该具有被对称的承诺支配的意味,而语句框架(那种派生的替换结构表达式)应该具有被非对称的承诺支配的意味。回答这个问题所采用的策略是,聚焦于使语句间关系的清晰**表达**——作为语句的内容——成为可能的逻辑语汇的使用,语句间的关系部分地构成了语句的内容。说次语句表达式被共同体用作被替换为和替换结构框架,就是说由共同体实践赋予语句——在这些语句中那些表达式具有原初出现——以内容,以这样一种方式彼此系统地相互关联,以至于根据标准的替换结构,它们可被展示为与次语句表达式相关内容的产物。为什么会存在单称词的问题之所以产生,是因为由于刚才所说的所有原因,那个结构不需要采取界定单称词和谓词那样的具体形式。

但设想添加了如下条件,即那些其恰当使用必须可根据它们的次语句成分的恰当使用而被整理的语句,不仅包括(或能够被延伸以包括)逻辑上的原子语句,而且也包括使用基本的语句逻辑语汇而形成的语句,典型地如条件句和否定。这一条件以错综复杂的方式,与根据次语句内容来替换整理语句内容的可能性交互作用——在实行时,可以看出,这些方式只要求单称词和谓词特有的那些句法的和语义的替换角色的结合。因此,给出的答案是,单称词(同样的,作为它们补充的谓词)的存在,是双重表达必要性的结果。一方面,如果新颖语句的内容是可投射(projectable)的,那么,关于语句的实质推论的和实质不相容性的承诺,就必须是可根据有关次语句表达式的实质推论的和实质不相容性的承诺隐含地替换整理的,这些次语句表达式可在它们之中得以辨识,或者它们可以被分析为这些次语句表达式。另一方面,如果非逻辑的(以及逻辑的)语句内容是可被公共地考察、辩论以及试图改进的话,那么,那些关于语句的相同承诺必须作为断言承诺的内容可清晰地、逻辑地加以整理。正是这两个表达上的需求——根据在语句层次上已经提出的想法,每一个都是完全可理解的——共同产生了(界定单称词和谓词功能作用的)对称意味的被替换为表达式和非对称意味的替换结构的语句框架这个结构。

这个论证可被称作有关采用词和谓词形式的基本次语句结构之必要性的**表达演绎**。如果根本次语句结构(替换地)在一种语言中得以辨识的话,那种语言就必须被看作拥有起到单称词功能的表达式,并且在表达方面足够的丰富以至包含了基本语句的逻辑语言方式——典型地如条件句,它们使得非逻辑语句之间的实质推论关系,以断言的形式清晰表达出来。还有否定句,它们使得非逻辑语句之间的实质不相容关系,以断言的形式清晰表达出来。

逻辑语汇,具有以逻辑上复合的可断定的语句内容的形式,使**隐含的实质承诺**——由于这些实质承诺,逻辑原子语句拥有了它们所拥有的内容——**清晰化**的表达作用。逻辑将语义实践转型为原理。通过提供使我们在说中认同我们以前仅能在做中认同的东西的表达工具,逻辑使概念的发展成为可能,借助这些概念,我们构想世界和我们的计划(以及因此我们自己),在一定程度上超越仅是传统的、根据习惯和偶然的无思想的冲撞而来的进化的模糊领域,并进入相对明亮的话语市场。在这里,理由被寻求和提供,每一个认可都应被放在天平上衡量并发现其不足。表达演绎坚持认为,次语句的结构采取单称词和谓词的具体形式是因为,只有通过那种方式,替换的次语句分析的整个表达的好处——将隐含于语句使用中的实质正确性整理为隐含于次语句使用中的实质正确性——才可以与各种纯正的逻辑语汇的存在所提供的好处结合起来,施行它在断言中使隐含在概念实践运用中的东西清晰化的任务。

换句话说,语言具有单称词而不是某些其他种类的表达式,以便逻辑可以帮助我们用那些语言谈论和思考:当我们用那些语言谈论和思考时,我们在做什么,以及为什么。甚至纯粹语句的逻辑语汇表达力的充分运作,也是和每一种替换的次语句分析不相容的——除了那种替换的次语句分析:在其中,扮演被替换为替换结构角色的那些基本的次语句表达式,拥有对称的替换推论意味,并且,那些起到语言框架替换结构作用的次语句表达式,拥有非对称的替换推论意味。因为要起到其推论清晰化的作用,条件句(比如)就必须形成其前件替换位置是推论倒置的复合语句。只有具有对称意味的表达式才是可被替换为的,并因此在这种语境下形成语句框架。这就是为什么在具有条件句的语言中,次语句结构采取单称词和谓词形式的原因。

本章一开始,我就指出,单称词被用来谈论特殊对象的原理,可以根据两个互补的解释方向加以开发。人们可以尝试说明什么是殊相而不使用**单称词**这一概念,然后再进一步通过诉诸这类词与殊相的关系来界定把一个表达式当作单称词使用是怎么回事。或者,人们可以尝试说明什么是单称词而不使用**殊相**这一概念,然后再进一步通过诉诸殊相与当作词项来使用的表达式之间的关系来界定某个东西成为殊相是怎么回事。(当然,应该承认在任何一种情况下,对关系的谈论都要求实质的解释,尽管那一解释可能显得非常不同,这取决于哪种解释策略得到支持。)对于"什么是单称词?"的问题,这里给出的答案,并不诉诸对象的概念。因此,它仅提供了对第二个解释方向的第一阶段所要求的那种说明,即解释对象概念的康德-弗雷格式的策略。

值得指出的是,在这一解释次序的语境下,要解释为什么会有单称词,在某种重要的意义上,就是去解释为什么会有对象——不是为什么存在着(被谈论的)某物而不是(彻底的)无,而毋宁是,为什么我们所谈论的东西,会被构造为有性质的、有关系的对象:"语言(只是我理解的那个语言)的界限意味着我的世界的界限。"①问"为什么会有单称词?"的问题是问"为什么会有对象?"这个问题的一种方式。对这两个问题的回答竟然应该是:因为拥有某种意味着**条件句**所意味的东西是如此重要。这是多么奇怪,多么不可思议!

---

① 《逻辑哲学论》,5.62。

第五章

从推理到表象的社会路径

一、背景

1. 思与思及(thinking and thinking about)

区分构建我们心灵(mindedness)的广义认知能力的一种有用的方式,是在我们的感受(sentience)与智识(sapience)之间做出区分。感受是我们和诸如猫这样的非语言的动物所共享的东西——在**觉醒**(awake)意义上的**觉察**(aware)能力。感受,就我们的理解迄今所及的范围而言,是一种独特的生物现象,它依次有别于我们感受者与诸如自动调温器和地雷之类的人工制品所共享的那种仅仅是可靠的有区别的回应。相比之下,智识关注于**理解**或智力,而非感应和刺激。就人们通过把诸如信念和愿望的意向状态,作为构成行动的**理由**归属给某个东西以解释其行为而言,人们就是把那个东西当作有智识的。智识者行动,仿佛理由对它们很重要。在如下意义上,它们是理性的能动者:至少在某些时候,通过向它们归属做出关于如何获得他们想要的东西的实践推论的能力,以及做出关于什么由什么而来的理论推论的能力,它们的行为是可以理解的。

除了根据理由和推论思考智识之外,根据真(truth)思考它也很自然。智识者是信念持有者,相信的行为就是当真的行为(believing is taking-true)。智识者是能动者,采取行动就是使真的行为(acting is making-true)。是智识者,就是具有诸如信念、意欲和意向这些状态,在什么环境下，被相信的、被意欲的或被意向的东西会是**真的**这样的问题能被恰当提出来这一意义上说，这些状态是有内容的。理解这种内容就是把握使它成真的充要条件。

构想智识的这两种方式——根据推论和根据真——都具有作为它们的共同解释目标、根据它们的**命题**形式而被辨识的可理解的内容。我们可以提供的作为理由的东西，我们可以当真或使真的东西，都具有命题内容，即那种我们通过使用陈述句所表达的、通过使用"that"从句所归派的内容。命题内容处在推论的关系之中，它们具有成真条件。

无论我们是根据真还是理由来思考命题内容，我们都仍然有义务讨论涉及（aboutness）和表象。当我们试图理解他人的思想或话语时，此工作一开始可以被分为两个部分：理解他们在思及什么或谈及什么（what they are thinking or talking about），以及理解他们关于它在思什么或说什么（what they are thinking or saying about it）。我在这里的首要目的，是提出一种有关什么被**说**或被**思**与什么被说**及**或被思**及**之间关系的观点。前者是思想和谈论的命题维度，后者是它的**表象**维度。我处理的问题是，为什么具有命题内容的任何状态或言谈，也应该被理解为具有表象内容。（因为这很成问题，因此一定有可能用非表象术语来描述命题内容。）

我捍卫的答案是，命题内容的表象维度应该根据它们的**社会**阐明来理解——具有命题内容的信念或断言，如何一方面从个体的信念持有者和断言者的视角，具有不同的意味；另一方面，它不同于将那信念或断言归属给那个个体的人的视角。产生对于什么被思**及**和谈**及**的关注的语境是，对一个个体的判断如何能为另一个个体提供理由的评估。它们所表达的断言和信念的表象内容，反映了给予和索取理由的游戏的社会维度。

2. 康德

或许一开始就要注意，根据命名范式——也就是说，根据名称与被命名者之间关系的模型——来思考语义内容的表象维度，并不是适当的。因为，只是由于对于名称所挑拣出来的东西一个人可以进一步**做**些什么，即关于它人们还可以**说**什么，那种关系才是一种**语义**关系。仅仅挑拣出一个对象或一个可能的事态是不够的。怎么回事？关于那对象，人们必须说出某种东西，即断言那事态存在或是事实。

康德划时代的洞见之一——弗雷格和维特根斯坦也为我们确定和捍卫了这一洞见——是他对**命题优先性**的认识。前康德传统认为理所当然的是：语义解释的恰当次序始于有关概念或词的学说，它们被分为单称词和类词，它们的意义可以独立于和先于判断的意义而被把握。诉诸这种基本的诠释层次，判断的学说然后解释了概念如何结合为判断，以及作为结果的判断其正确性是如何依赖于什么被结合以及如何被结合的。诉诸关于判断的派生解释，后果的学说最终解释了判断如何结合为推论，以及推论的正确性如何依赖于什么被结合以及如何被结合的。

康德拒斥这一点。他主要的创新之一是如下的断言：觉知或认知的基本单位，可把握的最小单位，是**判断**。判断是基本的，因为它们是人们在认知方面可以为之**负责**的最小单位，正像行动是人们在实践方面可以为之负责的最小单位一样。统觉的先验统一（the transendental unity of apperception）是通过**共同责任**的等值关系所界定的统一。"所有表象中最空乏者"，即"可以伴随所有表象的'我思'"，表达了**对**判断负责的形式维度。"对象＝X"——对于它的关注，使先验逻辑与普通逻辑区别开来——表达了对某事的判断责任的形式维度。因此，根据它们在判断中所扮演的角色，概念可以仅以抽象方式而被理解。一个概念就是可能的判断的谓词①，这就是为什么"**知性对概念的唯一运用，就是借助它们形成判断**"②。对于康德而言，有关内容的任何讨论都必须从判断的内容

---

① *Critique of Pure Reason*, A69/B94.
② 同上书，A68/B93；添加了强调。

开始,因为任何其他东西,只有在对判断的内容有所贡献时,才具有内容。这就是为什么他的先验逻辑可以根据范畴来研究内容预设的原因,也就是说,"判断中的统一功能"①。这种解释策略被弗雷格所继承,对于弗雷格来说,有关概念内容的语义观念最终具有解释语用**效力**的理论任务——其典型的种类是**断定**效力,它只附着于陈述句上。正如后期维特根斯坦指出的那样,只有一个语句的言谈,才能在语言游戏中移动一步。运用一个概念,是根据做出一个断言或表达一个信念而得到理解的。**概念**的概念,撇开在**判断活动**中运用的可能性,是不可理解的。

要记住的是,标示与被标示者之间的关系,只有作为判断或断言某物是如此——即是**真的**——的一个方面(被陈述句而不是单独的单称词或谓词所表达),才能得到理解。这也就是判断、相信或断定一个命题或断言是**真的**(表达或陈述了一个事实),关于一个对象或对象集合的某种东西是**真的**,谓词对某个其他事物是**真的**。因此,一个人必须既要关注关于什么被说**出**或**关于**什么是真的(what it is said *of* or true *of*),也要关注什么被说出或被表达——既要关注那思想是**关于**什么的,也要关注那思想。

3. 推论与内容

因此,我们的叙述从通向命题内容的路径开始:一般来说,什么可以被**说**出,或被**相信**,或被**思考**,什么可以被**当作**(是)**真**的。指导观念是,辨别什么具有命题内容的基本特征,是它既可以充当推论的前提,也可以充当**推论**的结论。当(是)真[taking (to be) true]就是当作推论的合适前提。这是对弗雷格语义原则的开拓——好的推论决不会从真的前提导出非真的结论——不是为了根据保真来界定好的推论,而毋宁是通过好的推论所保留的东西来界定真。

---

① *Critique of Pure Reason*, A69/B94。

在具有命题内容的**意向状态**一边，典型的如**信念**，对命题性的基本推论阐明是以意向诠释或解释的形式表现的。根据这种模型，使行为成为可理解的，也就是使个体为了**理由**而行动。这就是丹尼特"合理性是意向之母"这一口号背后所要表达的东西。在被当作实践推理——从信念和意欲导向意向的形成——的片段中，信念的作用对于意向的解释是根本的，并且因此前提和结论都具有可信形式的推理也是根本的。

在具有命题内容的**言语行为**一边，典型的如断定，对命题性的基本推论阐明是在如下事实中出现的：具体的**语言**实践的核心，是给予和索取**理由**的游戏。断言活动或断定活动是人们为了给出理由而必须做的，它是需要理由的言语行为。断言既充当理由又处于对理由或证成的需要中。它们具有它们所具有的内容，一定程度上是由于它们在推论的网络中所起的作用。

的确，**概念性**应该由严格的推论阐明而得以识别。这就是传统经验主义需要传统理性主义指导的地方。在一方面通过运作它的可靠的有区别的反应倾向以说出"这是红的"声音或打开火炉从而将一束光表象为红色的或将一个房间表象为冷的鹦鹉或自动调温器，与另一方面通过运用概念"红"和"冷"同样这么做的认知者之间的差别是什么？什么是认知者能够**做**而鹦鹉和自动调温器不能做的？毕竟，它们可以对**完全**相同的一系列刺激做出有区别的反应。认知者能够在**推论**中**使用**有区别地引出的反应。认知者拥有实践的知道如何（know-how）以在推论关系的网络中为那个反应找到位置——说出从红色的某物或冷的某物中导出什么，什么会是它的证据，什么会和它不相容，等等。对于认知者而言，认为某物是红的或冷的就是在给予和索取理由的游戏中走出一步——这一步可以证成其他步骤，也可以再由其他步骤证成，这一步骤也阻断或排除了进一步的其他步骤。鹦鹉和温度调节器尽管拥有对应的、非推论的、有区别的反应倾向，但它们仍缺乏概念，就是因为它们缺乏对把握概念内容所需的推论阐明的实践掌握。

于是有这样的想法：由关于可说的、可想的、可信的（因而命题的）内容——由使用陈述句和派生于它们的"that"从句所表达——的叙述开始，这一叙述是根据它们在**推论**中的作用而表达的①。概念内容首先是**推论地**阐明的。要从这一方向处理语义内容的表象维度，就有必要询问**推论**和**指称**之间的关系。这就是去询问什么被说出、被思考与关于什么被说出和被思考之间的关系。概念内容的表象维度是如何进入推论的图景或命题内容中的？这里所详细阐述的论点是，话语的表象维度反映了这样一个事实：概念内容不仅被**推论地**阐明，而且也被**社会地**阐明。给予和索取理由的游戏本质上是社会实践。

4. 概念使用的规范特性

这种断言的基本原理，最清晰地产生于对话语实践的某些非常普遍的特征的考虑。在此，从康德的另一个基本洞见出发然后进入具有概念内容意味的**规范**特征是可行的。他的想法是，判断和行动首先是我们**为之负责**的东西。康德把概念理解为具有**规则**的形式，也就是说，它们明确了**应该**怎样做某事（根据那个规则）。知性，即概念的能力（faculty），是把握规则的能力，是鉴别它们所决定的正确运用与错误运用之间的区别的能力。做判断和做事是具有一个人可以当真或使真的内容的行为，它们是需要理由的。它们的独特之处，是它们受规则支配的方式。处在一个意向的状态中，或实施一个意向行为，都具有规范的意义。它等于接受（获得）一个义务或承诺；承诺的内容由规则所决定，那些规则就是那些概念，根据它们，那些行为或状态得到阐明。所以，康德把我们挑拣出来，作为独特的、规范的或受规则制约的生物。

笛卡尔通过用认识论的方式、根据认知的可接近性，最终根据确定性，构想他所谓的心灵与物理之间的本体论区分，开创了一个哲学新纪

---

① 第一章"语义推论主义和逻辑表达主义"对这一想法有更详细的推进和探讨。也参见罗伯特·B. 布兰顿《使之清晰》第二章的内容。

元。通过把关注的中心由**确定性**转向**必然性**，康德开启了一个哲学新时代。笛卡尔的有关意向性的描述观念以确定性为中心，将我们对认知和行动中所运用的概念的控制（grip on）当作最基本的；而康德的有关意向性的规范观念则以必然性为中心，将它们对我们的控制当作问题的核心。试图理解隐含于我们概念中的规范——既包括在探究和知识中的制约概念的理论使用的那些规范，也包括在审议和行动中制约概念的实践使用的那些规范——的来源、本性和意义，是康德哲学事业的核心。对于康德而言，最为急切的问题是如何理解概念的**规则性**（rulishness），即如何理解它们的**权威性**、**约束性**或**有效性**。正是这一规范的特性被他称为**"必然性"**（Notwendigkeit）。

从康德的规范概念语用学中所得的教益是，判断活动和行为活动通过它们所包含的那种**承诺**，而与其他的做（doings）区别开来。判断活动或断言活动支撑着一个断言——接受一个承诺。对这些承诺——以及它们作为独特话语承诺的身份——的概念阐明，存在于它们所倾向的要求**证成**的方式以及它们既证成某些进一步的承诺又排除某些其他承诺的证成的方式之中。它们的命题内容，就存在于对承诺和那些承诺资格的推论阐明中。

特定的**语言**实践是那样一些实践，在其中，某些举止被赋予了断定或断言的意味——接受了推论阐明的（因此具有命题内容的）承诺①。掌握这种语言实践，也就是学习如何为各种对话者（包括自己）的推论阐明的承诺和资格计分。理解一个言语行为——掌握其话语意味——就是能够在回应中归属合适的承诺。这就是知道它如何改变了施行者和听众所承诺的或对之有资格的东西的分值。

思考断言——话语承诺通过它得以表达——的一种方式是根据推

---

① 按照这个标准，维特根斯坦在《哲学研究》一开始所描述的比如"石板"语言游戏，并不具备真正的**语言**实践的资格。关于为什么这是一种好的谈论方式的讨论，参见我的论文 "Asserting," *Nous* 17, no. 4 (November 1983)：637–650。

论阐明**权威**和**责任**的交互作用。一个人在做出一个断定时，就是向被断定的内容出借了他的**权威性**，允许他人接受相应的承诺以用作**他们的**推理的前提。因此，这个话语实践模型的一个本质的方面是**交流**：人际的(interpersonal)、内容内部(intracontent)的对于承诺资格的继承。在做出一个断定时，一个人也承担了**责任**，即在该断言受到恰当的挑战时，对此断言加以证成，由此获得一个人对于那断言所承认的那个承诺的资格。因此，这个话语实践模型的另一个本质的方面是**证成**：人际内部的(intrapersonal)、内容间(intercontent)的对于承诺资格的继承。

二、分析

1. 表象与交流

一个人可以挑拣出具有**命题**内容的东西——任何可在**推论**中既能充当前提也能充当结论的东西，即既能作为**理由**被提供同时自身又需要**理由**的东西——为开端。理解或把握这种命题内容，是一种知道如何——对给予和索取理由的游戏的实践掌握，能够说出什么是什么的理由，能够区分好的推论和坏的推论。玩这种游戏，就是为各种对话参与者承诺了什么和有资格承诺什么进行**计分**。理解一个言语行为或一个信念的内容，就是能够赋予那个言语行为的举动或那个信念的获得以恰当的实践意味——知道它如何在各种语境中改变分值。语义的——首先是推论的——关系，是根据这种语用计分而得以理解的。认为一个语句表达的断言蕴含了另一个语句表达的断言，也就是将对第一个语句做出承诺的任何人也当作对第二个语句做出了承诺。我们通常只根据前提和结论之间的关系——也就是说，作为命题内容之间的单调的(monological)关系——来思考推论。然而，话语实践，即给予和索取理由，既涉及**内容**间的关系，也涉及**人际**间的关系。这里的主张是，起到前提和结论的推论作用的命题内容的表象方面，应该根据交流理由的社会的或对话的维度即评估他人所提供的理由的意味的维度,来加以理解。

如果任何在推论中起合适作用的东西都是具有命题内容的,并且任何具有命题内容的东西因此也都具有表象内容的话,那么,除非至少隐含地包含了表象的维度,否则没有任何东西能被算作特定的**推论**实践。尽管如此,一个人还是可以为社会实践提供充分条件,使其能将**推论阐明**的意义赋予举动,也就是说,使其成为做出断言——它们既可充当其他断言的理由、同时又需要理由——的实践,而无需使用任何具体的表象语汇。这就是作为对承诺和资格计分的话语实践模型所做的。因此,我想给出的叙述是,在断言的推论内容中隐含的表象维度如何产生于理由的**生产者**和**消费者**之间社会视角的不同。目的是以非表象的术语来说明由清晰的表象语汇的使用所表达的东西。

在**表象**的一面与**交流**或推论实践的**社会维度**的一面之间的联系,是非常不明显的,于是我想从两个简短要点出发以帮助表明,一个人为什么可以甚至认为表象能用这些术语来理解。考虑一下关于两种对立要素(the dialectic)的理性重建,它使蒯因在"经验主义的两个教条"之后,用指称(reference)替换**意义**(meaning),以作为语义核心概念。蒯因认为,意义一定至少决定了**推论**的作用。但是,对一个断言的认可会导致什么——那认可要求人们承诺其他什么——取决于在抽绎出那些推论的后果方面,什么样的伴随承诺可充当辅助性的假设。因此,一个信念的推论意义,取决于人们相信其他什么。所以,意义的单元应该被看作为整个理论,而不仅仅是一个句子。但这意味着,如果两个对话者有不同的信念,他们所说的语句,就意味着不同的东西。按照这种说明,交流的可能性如何作为分享意义的事情而被理解,是不清楚的。但是,如果转而关注**指称**的话,困难便消失了。在索罗亚斯德教徒(Zoroastrian)那里,"太阳"一词也许**意指**不同于我用它所意指的东西(我听到的"太阳"一词的意义,不同于她说出的意义),因为她的附属承诺不同,但是她仍然可以谈**及**相同的事物,即太阳。具有同样意味的是,尽管"电子"在卢瑟福那里也许意指不同于我用它所意指的东西，但我们仍然可以被理解为指称相同的事物，即电子，并把它们归类为拥有相同的外延，即亚原子粒子的外延。因此，谈论一个人正在谈及的东西，解决了一些担忧——否则这些担忧会被具有**整体论**后果的意义理论所产生。在当前语境中更重要的是，对解释**交流**可能性的关注可引向对**指称**和**表象**的关注。后面这一点以某种方式颠倒了路径的次序。

我所关注的整个主张是：对人们谈**及**什么和思**及**什么的评估，而不是对关于它他们说什么的评估，是**交流**的基本**社会**语境的一个特征。谈及表象也就是谈及什么是通过能够使用彼此的判断作为理由、作为我们自己推论——甚至仅是假设地——的前提来保证交流，从而评估它们在我们自己的附属承诺中的意味。作为初步了解一个人如何可以认为表象的语义谈论可被理解为表达了对话者们不同的社会视角的一种方式，考虑一下关于**真**的评估是如何进行的。也许传统地产生这种评估的主要语境，是**知识**的归属。根据传统的 JTB 说明，知识是被证成的真信念。它被置换为对彼此承诺和资格进行计分的对话者们所认为的某个东西可能具有的规范身份的具体说明。这一说明要求：为了使它成为计分者认为另一个人所具有的**知识**，计分者必须采取三种实践的态度。第一，计分者必须**归属**一个推论阐明的，因此具有命题内容的**承诺**。这对应了知识的**信念**条件。第二，计分者必须为那个承诺**归属**一种推论的**资格**。这对应了知识的**证成**条件。那么，对应知识的第三个条件即**真**这一条件的是什么呢？使计分者将那个被归属的断言当做真的，也就是使他认可那一断言。也就是说，第三个条件是，计分者自己**接受**了和被归属给那一候选认知者的同样的承诺。

接受一个承诺就是采纳了有关断言的某种**规范姿态**（normative stance）；这并不是向它归属一个属性。关于真的性质的传统形而上学错误地把人们在认同断言时所做的事情，解释为在以一种特殊的方式进行**描述**。它混淆了**归属**与**接受**或**承认**一个承诺，这是有关构成规范身份的道义实践态度的两种基本社会趣向。这么做,是在将某人看作有知识时的第三个条件同化为前两个条件。其实,恰当地理解真的谈论,就是需要理解这种社会视角的不同:向另一个人归属一个社会身份与自己**接受**或采纳它之间的不同①。正是评估断言之真的实践,构成了命题内容可以根据成真条件得到理解这一观点的基础。我想要做的是表明,作为表达社会不同视角的**真**断言的观点,是如何能更一般地被延伸到表象的。

2. 从言(De dicto)与从物(De re)

自然语言的原初清晰表象的语言风格是**命题态度的 de re 归派**(de re ascriptions)。正是它们的这些语言风格的使用,使得"有关"(of)和"关于"(about)这样的词表达了思想和言谈的意向指向性——它们在如下语句中的用法

"时间已经来临,"那个粗矮笨胖的家伙说,

"要谈谈**有关**(of)很多事情:

有关(of)鞋子——船舶——和封蜡

有关(of)卷心菜——和国王——"

("The time has come," the walrus said,

"To talk *of* many things:

Of shoes — and ships — and sealing wax —

Of cabbages — and kings —"

或者

那位猎人的有一头鹿在她面前的信念,实际上是**关于**(about)一头奶牛的信念。

---

① 要沿着这些思路分析真的谈论,有无数的技术细节需要澄清。我在其他一些地方,即关于真的代语句的或回指的说明起作用的地方,已经讨论了那些问题。参见《使之清晰》第五章,以及"Pragmatism, Phenomenalism, and Truth Talk," *Midwest Studies in Philosophy* 12(1988): 75–93, *Realism*。对于当前的目的而言,那些细节可以搁置一边。

(The hunter's belief that there was a deer in front of her was actually a belief *about* a cow.)

不同于它们在"我姑姑的(of)钢笔"("the pen of my aunt")和"重量大约(about)五磅"("weighing about five pounds")这样的短语中的用法。因此,为了确定陌生语言中意指在此意义上使用的"有关"和"关于"的语汇,我们必须找到关于命题态度的 *de re* 归派表达式。我们正是用这些归派来说出我们在谈及什么和思及什么。这里,我的策略是通过询问语言表达式必须如何被**使用**以便有资格成为有关命题态度的 *de re* 归派,来阐述如下的问题,即:如何理解表象语汇表达了什么。它们使什么清晰化?当我们谈及和思及有关我们正在谈及和思及的东西时,我们**在做**什么?这是一个试图一般地从实用主义式的视角理解意向性的策略。

我们的传统区分了可以和命题态度的归派联系在一起的两种解读或意义。*de dicto* 归派在言(dictum)或说(saying)中归属信念,而 *de re* 归派则就(about)一些物(res)或东西归属信念。二者的差别产生于语句算子而非"相信"('believes')。设想从这个断言开始:

到 2020 年,美国的总统将是黑人。

(The president of the United States will be black by the year 2020.)

de dicto 解读,这意味着那言或语句

美国的总统是黑人

(The president of the United States is black.)

在 2020 年的时候将是真的。*de re* 解读,这意味着物或东西,即美国目前的总统(也就是说,在我写作时,指克林顿)在 2020 年将是黑人。我们这里关心的是,这种不同如何被运用到命题态度归派上——尽管它是一个有关恰当性的标准,按照这里提供的说明,它也可以被扩展用来处理这些其他语境。很清楚,这里的不同事关范围,事关两种不同的可能次序——在其中,一个人可以运用(a)决定那个确定的描述挑拣谁的操作,

以及(b)运用时间算子将整个句子的时间估算向前推移的操作——之间的差别的表达方式。操作(a)首先产生 de re 解读;操作(b)首先产生 de dicto 解读。我想更深入一些地看看这一现象。

在日常用语中,de dicto 和 de re 解读之间的不同是系统的模糊性的来源。有时候,正如在上面的例子中那样,解读之一包括了消除歧义是容易的这一十分难以置信的断言。然而,最好使我们的用法稍微系统化一些,这样便能清晰地标明这一不同。通过系统地使用"that"和"of",便能以听起来顺耳的方式做到这一点。考虑一下:

亨利·亚当斯相信避雷针的发明者没有发明避雷针。

(Henry Adams believed the inventor of the lightning rod did not invent the lightning rod.)

这里所指的几乎不大可能是 de dicto

亨利·亚当斯相信"避雷针的发明者没有发明避雷针"。

(Henry Adams believed **that** the inventor of the lightning rod did not invent the lightning rod.)

亚当斯大概不会认可"that"后面(从句)所跟随的言。然而,如下的 de re 断言却完全可能是真的:

关于避雷针的发明者,亨利·亚当斯相信,他并没有发明避雷针。

(Henry Adams believed **of** the inventor of the lightning rod **that** he did not invent the lightning rod.)

因为由于避雷针的发明者也是双焦点透镜的发明者(即富兰克林),后一个断言可以是真的,如果亨利·亚当斯有一个会被 de dicto 地归派为如下信念的话:

亨利·亚当斯相信"双焦点透镜的发明者没有发明避雷针"。

(Henry Adams believed **that** the inventor of bifocals did not invent the lightning rod.)

(一个合乎体统的波士顿人,不愿将这种荣誉给予某位来自费城的人,亚当斯坚持认为,富兰克林只是使避雷针得到了普及。)

蒯因强调,这两种归派之间的关键语法的不同,关涉到在它们中出现的单称词**替换**的恰当性。出现在归派的 *de re* 部分的表达式——在那个组织版本中,处于"of"算子范围内——具有他所说的**指称透明**的用法:共指称的语词(coreferential terms)可以**保全真值**(*salva veritate*)地互相替换,也就是说,没有改变整个归派的真值。相比之下,在归派的 *de dicto* 部分的这种替换——在那个组织版本中,处于"that 从句"算子的范围内——可以完全改变整个归派的真值。句法上,*de re* 归派可以被看作形成于 *de dicto* 归派,只要在 that 从句内**输出**一个单称词,在这个词的前面加上"of"并在原初的位置上加上一个代词。所以,*de dicto* 形式

  S 相信 φ(t)

  (S believes that φ(t))

就成为这样的 *de re* 形式

  关于 t,S 相信 φ(it)

  (S believes of *t* that φ(t))

蒯因的基本观察——这两种归派的关键差别在于允许共指称表达式替换的那些情境——的意味,被来自我的外部观点的考虑弄得模糊化了:

1. 蒯因关于单称词可以被省去而由量化表达式——他当作指称承诺的真正场所——取而代之的别具一格的观点,致使他只关注量化归派,使他的讨论卷入了存在的承诺的问题,并使他转而担忧什么时候"输出"(exportation)是合法的。

2. 这一强调转而导致了[卡普兰(Kaplan)在此负有重要的责任]对日常 *de re* 归派的忽略,取而代之的是我所说的**认知上强的** *de re* 归派,它被用来为所谈及和思及的对象归属一种富有特权的认知关系。这种迂回,为我们欣赏指示词[以及作为结果,以回指方式(anaphorically)依

赖于它们的专名殊相(tokenings)]行为的明确特征,带来了丰富的后果,特别是在模态语境中。但是,尽管如此,从一般地理解关涉(aboutness)的观点来说——我这里的话题——它仍是一种迂回和偏离。

重要之点在于,就像那组织方式提醒我们的,我们在日常生活中表达我们"**有关**"和"**关于**"什么的谈论和思考时,使用的是 *de re* 命题态度归派的语言风格。因此试图理解命题内容的表象维度的一种方式就是询问,这一基本种类的表象语言风格表达了什么。当我们就某人正在谈**及**和思**及**什么做出断言时,我们**在做**什么?必须如何使用语汇,以便它被算作表达了这种 *de re* 归派呢?在明确那种使用时,以一种本身并不运用表象语汇的方式来回答那个问题,也就是一种以非表象语词来理解表象关系的方式。

3. 接受(undertaking)与归属(attributing)

本章剩余篇幅关涉 *de re* 归派的表达作用。我用我倾向的技术语汇陈述它,这在某些方面是别具一格的;但是关于这种方式——按照这种方式,这一典型的表象语言风格的使用表达了社会视角的不同——的基本要点并不取决于语汇的细节①。

记得我曾主张,我们应该根据实践态度——借此对话参与者为彼此的承诺(以及我们在这里可以忽略的对于那些承诺的资格)计分——的采纳,来理解话语实践。做出断言(因此,说到底,是做出判断)就是**接受和承认**一个承诺,它由于得到**推论**的阐明而具有命题内容。重大的任务是要表明,推论的阐明——由于它,可断言的内容因此也就是**表象的**内容——是怎么一回事。这就是从作为推论的潜在前提和结论而被引入的命题内容,通过推论阐明的社会维度——由在交流中彼此给予和索取

---

① 这里追求的进路(包括对 *de dicto* 归派以及认知上强的 *de re* 归派的处理)在《使之清晰》第八章中有更详细的阐述。

理由所组成——转向作为关于对象的谈论以及它们如何存在的言说的命题。（我在此并未特别关注这一断言的**客观性**部分——它是下一章的话题——而是思考有关**真**的评估如何像前面那样被呈现为不同于有关**信念**和**证成**的评估。）

接受一个承诺就是在做使其他人对它的**归属**成为恰当的某种事情。这可以以两种不同的方式发生。首先，人们可以**承认**那个承诺，通常是通过一个公开断言而倾向于**认可**它。或者人们可以通过把它用作为自己的理论推理或实践推理的前提而承认它。这后一种方式包含了**实践地**倾向于根据它去行动——把关于它的说明当作实践推理的前提，它存在于人们意向行动的背后。其次，人们可以在**后果上**接受那个承诺，即作为人们承诺的结论——它是人们**确实**承认的东西所蕴含的推论后果。这些对应于"相信"的往往不被区分的两种意义：按照第一种意义，人们仅相信人们自己所相信的东西，并且不管愿意不愿意，人们都相信任何他的信念所承诺的东西。（人们经常在并不包含推论终止的经验意义上的信念与包含推论终止的逻辑意义或理想意义上的信念之间犹豫不决的事实，是为什么在十分谨慎的时候，我倾向于根据承诺而不是信念来谈论的理由之一。严格地说，我并不相信信念。）按照第二种意义，如果我相信康德尊敬哈曼，并且我相信哈曼是北方的占星家的话，那么无论那个问题对我是否产生过，无论我是否知道它，我实际上都相信，康德尊敬北方的占星家，因为我自己已经对那一断言做出了承诺。

归属信念或承诺是**隐含**于计分实践——在其中，任何东西独自可以具有断言或判断的意味——的实践态度。**归派**信念或承诺就是以断言的形式使**隐含**的实践态度**清晰化**。在一个缺乏清晰的态度-归派语言风格——诸如"相信……"或"断言……"算子——的语言中，归属承诺就是一个人只能**做**的某种事情。命题的态度-归派语言风格使得清晰地**说**出一个人正在做的事情成为可能：将那个实践道义计分态度表达为一种命题内容，即表达为一个断言的内容。以这种形式，它可以显现为推论的前提或结论；它成为某种可以作为理由被提供以及需要理由来支持的东西。**清晰化**语汇的属的范型——多种命题态度-归派语言风格是这个属下的种——是条件句。条件句的使用使一个东西作为断言内容，因此作为一个人可以**说**出的某些东西，也就是对于一种**推论**的认同，清晰化了——一种一个人否则只能通过"行"（does）来表明的态度。诸如"相信"或"断言"这样的**归派**语汇，以可断言的内容的形式，使信念承诺的归属清晰化了。

4. 归派

在做出

S 相信（或承诺断言）ϕ(t)

(S believes (or is committed to the claim) that ϕ(t))

这种形式的归派断言时，人们相应地在做两件事情，采取两种不同的道义态度：一种是**归属**一种信念承诺给 ϕ(t)；一种是**接受**另一种承诺，即对于归属的承诺。归派语言风格的清晰化作用是指：一个人**接受**的承诺内容，是根据他在**归属**第一种承诺时所做的事情而被理解的。

上面的归派，通过使用未改动的"that"从句，明确了被归属的承诺内容，它按照我们的组织形式，对应于一种 de dicto 归派。一个完整的故事叙述，要求详细说出这些归派是如何工作的，但我在这里并不打算这样做。简略地说，以 de dicto 方式明确被归属的承诺内容的归派者，也就是承诺了这一目标：准备以十分明确化的术语，去**承认**被归属的内容，也就是说，认可那一**言谈**（dictum）①。

我想把一种关于命题态度的 de dicto 归派的恰当说明当作理所当然的，并表明 de re 归派的不同之处，它们是以如下形式被组织起来的：

关于 t，S 断言 ϕ(t)

---

① 显然，这种说明需要修改以应对这样一些场合：在此，被归属了命题态度的那个人会使用索引词，或者一种不同的语言，来表达那一态度。参见《使之清晰》第八章。

(S claims **of** t that φ(it))

我认为,在这个地方,明智的开端是认识到(一旦我所说的"认知的强 *de re* 归属"已被搁置一旁)*de dicto* 与 *de re* 之间的区别应该被理解为要区分的不是两种信念或信念内容而是两种**归派**——尤其是两种不同的**风格**,按照这两种不同的风格,被归派的承诺**内容**可以被**明确化**①。(丹尼特也许是采用这一思路的最杰出的评论家②。)

在明确由归派所归属的断言内容时,一个人发现,关于归派者将谁当作对这个**说**出被相信的东西——即承诺的内容——(也就是使其清晰化)的方式负有责任,可能会产生问题。设想一位狡猾的起诉人,他用如下陈述描述他的反对者的断言:

辩护律师相信病态的说谎者是一个值得信任的证人。

(The defense attorney believes a pathological liar is a trustworthy witness.)

我们可以想象,辩护律师激烈地反对这种描述:

不是这样的;我相信的是,刚刚作证的那个人是一个值得信任的证人。

(Not so; what I believe is that the man who just testified is a trustworthy witness.)

对此,起诉人可以这样回应:

正是这样,我已陈述了理应说服任何人的证据,表明刚刚作证的那个人是一个病态的说谎者。

(Exactly, and I have presented evidence that ought to convince

---

① 认识到这是正确的一种方式是:归派-形成的算子可以**迭代**:有关 t,S′可以主张"有关 t,S 主张 φ(t)"。因此,在任何情况下都不会是**两种**不同的信念(*de dicto* 和 *de re*),而是一种无穷数。

② Daniel Dennett, "Beyond Belief," in *Thought and Object*, ed. A. Woodfield (Oxford: Clarendon Press, 1982), pp. 1–96.

anyone that the man who just testified is a pathological liar.）

如果起诉人在描述他人的断言时是讲究的，那么他会说清楚谁对什么负责：辩护律师断言某个人是值得信任的证人，而起诉人断言那一个人是病态的说谎者。这里的分歧是有关这家伙是不是一个撒谎者，而不是撒谎者是不是值得信任的证人。使用上面所建议的组织形式，使这一点清晰化的方式，是用 de re 明确被归派的信念内容。起诉人（撇开法庭策略的重要性）**应当说的是**：

关于这个病态的说谎者，辩护律师断言他是值得信任的证人。

（The defense attorney claims **of** a pathological liar that he is a trustworthy witness.）

这种谈论事情的方式，使包含在那个归派中的责任划分清晰化。某人是值得信任的证人，是归派者所**归属**的那个承诺的一部分，而那个个体的人实际上是一个病态的说谎者，则是那归派者所**接受**的承诺的一部分。（回想一下对知识归属中成真条件的作用的说明。）当然，在思考这些问题时，**我们**作为理论家，在保持表达对信念、希望和清晰（即便我们不能确定它们中最崇高的是清晰）的承诺的分析信条时，应该使用这种非模棱两可的组织形式。

归派总是包含归属一个信念承诺以及——由于归派本身也是断言或判断——接受另一个信念承诺。我的意见是，命题态度的 de re 归派的表达功能，使得被说出的东西的哪些方面表达了正在**被归属**的承诺以及哪些方面表达了被**接受**的承诺清晰化了。对于那个归派者来说，在 de dicto 的"that"从句中出现的内容明确化部分限定于被归派承诺的那个人会（或者在更强的意义上，应当）**承认**什么作为那个个体承诺的东西的表达上。对于那个承诺的**归派者**来说（但并不必然地对于被归派了它的那个人来说），在 de re 的"of"范围内出现的内容明确化部分包括了什么被承认为是对归派目标所承诺的东西的表达。（对于归派者来说，这就是目标应该仅在"应该"的弱得多的意义上所承认的东西。）因此，将命题态度归派的内容明确化部分标识为 *de dicto* 和 *de re*，使得被归属的承诺与被接受的承诺之间的**社会**视角的基本道义计分的差别清晰化了。

5. 替换承诺

通过将命题态度归派的特定内容分为 *de re* 和 *de dicto* 领域（在我们的组织形式中，其标志是"of"和"that"从句）所表达的区别，可以根据**推论的**和**替换的**承诺来加以考虑。按照我一开始所说的那个模型，命题内容，即可断言的内容，是被推论阐明的。把握这一内容，就是能在实践中辨识从对它的认可可以推导出什么，以及这种认可又是从何而来的。但是，认可一个给定断言的后果，依赖于什么样的其他承诺被用来作为推论中的辅助假设。信念承诺的归派者有两种不同的可用的视角，在明确被归派的承诺内容时，从这些视角可以引出那些辅助假设：**被归派**承诺内容的那个人的视角，以及**归派**承诺内容的那个人的视角。对内容的明确化仅依赖于（根据归派者）归派目标**承认**所承诺的辅助前提，在这种情况下——尽管归派者本人可能并不承认——它被放在 *de dicto* 位置上，处于"that"从句范围内。对内容的明确化依赖于**归派者**认可的辅助前提，但是归派目标可能并不认可，在这种情况下，它被放置在 *de re* 的位置上。

更特别的是，像单称词这种表达式的使用，是由**替换**-推论的承诺而支配的①。于是，决定计分意味以及我倡议的 *de re* 归派的表达功能的规则是这样的：设想，根据 A 对承诺的计分，B 承认对断言 $\phi(t)$ 的承诺。于是，A 可以用说出如下断言的方式来使这个承诺的归属清晰化：

B 断言（**that**）$\phi(t)$。

（B claims **that** $\phi(t)$）

如果，另外 A 承认对 $t = t'$ 同一性的承诺，那么，无论 A 是否认为 B

---

① 这一思路在第四章"什么是单称词，以及为什么存在单称词"以及《使之清晰》第六章中有详细的阐述。

会认可那一承诺，A 都可以通过说出如下断言来描述被归派于 B 的承诺的内容：

关于 t′，B 断言 φ(it)。

(B claims **of** t′ that φ(it))

再一次地，问题就在于，在通过承认一个特殊的信念承诺来明确某人所承诺的后果的过程中，人们被允许求助的是谁的替换承诺。在描述那个承诺时，归派者已经展开了只运用归派目标会认可的那些承诺的后果，在这种情况下，内容的明确化是 *de dicto*。归派者运用了他自身认可但归派目标也许并不认可的替换承诺，在这种情况下，内容的明确化是 *de re*。

于是，或许自然地会提出这样一个问题：存在这样一些语言风格吗，它们在允许一个人**接受**一个**断言**承诺，而又**归属**给另一个人使用单称词——它确定了在引出它的推论后果时什么样的**替换**承诺被使用——的责任时，执行了相反的功能？我认为，**提示性引号**（*scare quotes*）起到了这一重要的表达作用。设想一位政治人物说：

爱国的自由战士解放了这一村庄。

(The patriotic freedom fighters liberated the village.)

如果不同意这种描述但又想设定她正在指称同一群人，他的对手可能这样回应：

那些"爱国的自由战士"屠杀了全部的居民。

(Those "patriotic freedom fighters" massacred the entire population.)

这样说是为那个词的使用归属责任，同时接受了那个断言的责任。我看不出，为什么提示性引号的这种表达作用，在哲学意义上完全不同于 *de re* 归派的表达作用，尽管与这两个话题相关的很多著述都暗示了这是一种风格特异的观点。

按照我提议的这种方式来理解，对于**交流**来说，关键是什么是有关

他人信念内容的 *de re* 明确化所表达的。能理解什么是他人正在说的，在使他们所说的能用来作为一个人自己推论的前提的意义上，完全取决于能以 *de re* 语词而不只是 *de dicto* 语词，使那些内容明确化。如果我能使萨满教僧的信念内容明确化的唯一方式是 *de dicto* 归派：

他相信可以通过饮用从那种树皮蒸馏而来的汁液来防止疟疾。

(He believes malaria can be prevented by drinking the liquor distilled from the bark of that kind of tree.)

我可能并不处在评估他的断言的真的位置上。如果我能以 *de re* 归派方式使那个内容明确化，情况就不一样了：

关于奎宁化合物，他相信，可以通过饮用它来防止疟疾。

(He believes of quinine that malaria can be prevented by drinking it.)

因为"奎宁"是一个语词，与我知道如何使用的其他语词具有丰富的推论连接。如果他说第七个神刚刚升起，我也许不知道他的话从何而来。很明显，他会认为它具有我所不能认可的后果，因此，我说的任何东西都不能恰好**意指**他的话所意指的东西。如果我被告知第七个神是太阳，那么我就能以更加有用的形式使他的报告内容明确化：

关于太阳，他断言，它刚刚升起。

(He claims of the sun that it has just risen.)

我可以从其中抽出**信息**，也就是说，可以用来产生我的推理所用的前提。此外，设想一个学生断言

非不同素数平方和的最大数至多是 27 个素数的和。

(The largest number that is not the sum of the squares of distinct primes is the sum of at most twenty-seven primes.)

他也许并不知道那个数是什么，或者也许错误地相信这个数非常大，但如果我知道

17 163 是非不同素数平方和的最大数，

(17 163 is the largest number that is not the sum of the squares of distinct primes.)

那么我就能用 *de re* 形式把他的断言内容描述为：

关于 17 163，这位学生断言，它至多是 27 个素数的和。

(The student claims **of** 17 163 that it is the sum of at most twenty-seven primes.)

并能进一步从那一断言中得出推论，根据我的其他信念来评估其可信性。(它是真的，但只是因为**所有的**整数至多是 27 个素数的和。)确定什么是正在被谈论的，使得我能跨越信念的鸿沟抽取信息。

在处理有关真的评估和知识的过程中，我们起初看到，在**归属**一个承诺和**接受**或承认一个承诺之间有关键的区别。现在我们看到，从断言

本杰明·富兰克林发明了双焦点透镜是真的，

(It is true that Benjamin Franklin invented bifocals.)

——它是对大意为本杰明·富兰克林发明双焦点透镜的承诺的接受——通过接受本杰明·富兰克林是避雷针的发明者这一断言的承诺，到断言

对于避雷针的发明者来说，他发明了双焦点透镜是真的。

(It is true **of** the inventor of lightning rod that he invented bifocals.)

(正是通过这种"true of"的语言风格，使原先关于真理评估的基本社会结构的评论，与刚才所提供的关于构成命题态度 *de re* 归派之基础的社会结构的说明联系在一起。)从他人的话中抽取信念，需要把握当人们提供关于他们信念内容的 *de re* 描述时，什么东西被表达了——也就是说，如果它们是真的话，能够说出他们的信念是**针对**什么而真的。这就是把握他们断言的**表象**内容。我一直在强调的要点是，这样做也就是掌握它们的推论阐明的**社会**维度。

如果我们考虑**意向**内容的 *de re* 明确化，我们就会看到，关于行动

成功的预期或解释,扮演了在**信念**的情形中关于**真**的评估所扮演的类似的作用。因此,关于一个意向,我们可以有这样的 de dicto 归属:

妮科尔意在(intends)猎杀一只鹿。
(Nicole intends that she shoot a deer.)

把它与关于信念的 de re 归派结合起来:

关于那头牛,妮科尔相信它是一只鹿。
(Nicole believes of that cow that it is a deer.)

便产生了关于某个意向的 de re 归派:

关于那头牛,妮科尔意在猎杀它。
(Nicole intends of that cow that she shoot it.)

我们会诉诸使她的意向内容在角度上得到不同种类的明确化,以便解释她的行为的不同方面。如果我们想做的,是预测或解释妮科尔**试图**要做的事情,我们应当用 de dicto 方式使她的意向和信念明确化。那会解释她为什么会扣动扳机。但是,如果我们想预测或解释的是,她会**成功**地做什么,什么会实际地发生,那么,我们应该使用 de re 明确化。它们会解释她为什么会猎杀一头牛,即便她只是想猎杀一头鹿。就关注有关意向态度内容的 de re 明确化与 de dicto 明确化之间的区别而言,行动的成功和断言的真扮演了相同的角色。

三、结论

我已经断言,日常语言中原初的表象语言风格,即我们用来谈论我们思想和言语的表象维度的语言风格,使我们**关于**什么的思考和谈论明确化的语言风格,是关于命题态度的 de re 归派。正是它们在归派中所起的这种作用,赋予了我们用来表达意向指向性(directedness)的"有关"('of')或"关于"('about')以意义。我也断言,这些语言风格的表达作用,使我们在对谁承诺了什么的簿记过程中所包含的社会视角的差异清晰化。在与其他断言——它们必须能作为既是说话者也是听众的理由——的交流中所涉及的推论的社会维度,尽管在附属承诺方面有差异,却为话语的表象维度奠定了基础。

具有**命题**内容的信念和断言必然是具有**表象**内容的,因为它们的推论阐明在本质上涉及**社会**维度。那个社会维度是不可避免的,因为一个断言的推论意义,一个信念承诺的恰当前件和后件,取决于可用作辅助假设的附属承诺的背景。所以,任何命题内容的明确化都一定是从这样一些承诺的视角做出的。人们想要说的是:**正确的**推论作用是由**真的**附属断言所决定的。正是这样。**每一个**对话者想要说的是:每个人都有一些至少不同的视角来评价推论的恰当性。表象的语言风格使被归属的和被接受的承诺分类清晰化了,考虑到那些不同的视角,没有这种分类,交流是不可能的。命题内容的**表象**维度,反映了在给予和索取理由的游戏中,它们的**推论**阐明的**社会**结构。

第六章

客观性与合理性的规范精致结构

一、语义可断定主义(semantic assertibilism)

实用主义方法论的基本论点是，**意义**与语言表达式的理论联结的要点是解释那些表达式的**使用**。(语义学必须对应语用学。)那些共同认可这一方法论实用主义的理论家之间的基本区分于是便涉及术语，借助这些术语，语言表达式的使用得以被理解。一个阵营把使用的**恰当性**当作它的解释目标，求助于意义来解释如何**正确地**或**恰当地**使用语词和语句，一个人**应该**如何配置它们。另一个阵营(蒯因式的行为主义者也许可作为例子)坚持以更节俭的方式来解释具体的使用。语义学理论所追求的最终解释目标，是言说以及运用被坚定地限制于非规范说话方式的语汇所描述的言说倾向①。我会进一步地说明我为什么认为第二个阵营误入歧途了。但就目前而言，我只是想把这一选项放置一边，因为我观察到，这么做本身并不要求放弃对自然主义语义学的承诺。因为一个人完全可以接受关于解释目标的规范描述——以容许一个人从比如关于事态

---

① 人们有可能顺便注意到，将这一选择转述为在关于语言表达式**应该**如何被使用的谈论以及关于语言表达式**实际上**或**事实上**如何被使用，或实践者**倾向于**如何使用它们的谈论之间的选择，并不是无害的。正确地或不正确地使用一个表达式，是实践者实际上或事实上所做的事情，是他们可能倾向去做的事情。这种区别毋宁应该存在于：当理论家在描述说话者和听众实际在做和倾向去做什么的时候，他所可能使用的语汇。将这种区别表述为说出语言是如何被使用的与语言(仅仅)应该如何被使用的之间的区别，是魔法骗局——它将一个人置于克里普克的维特根斯坦已经使我们熟悉的关于概念规范性的不可解的困惑中——的关键的一步。

的错误表象中区分出正确表象的说话方式对使用做出明确说明——但仍保留着最终进而为那些恰当性的来源和本性提供一种还原的说明的承诺,这些承诺是用那种通常在具体科学——不论是物理学、生物学还是社会科学①——中应用的模态丰富但不清晰的规范语汇说出来的。

在这种用陈述句表达的关于命题内容的可断定性理论背后的观念是,以语言的恰当性概念为开端,这种恰当性概念可以根据游戏中被允许的步骤而被理解。要确定那些情境——在其中,语句是可断定的——就是要说出什么时候它的断定使用是恰当的或被允许的,什么时候一个说话者被许可或有资格使用那个语句来执行那个言语行为,什么时候它的断定言说会有某种规范的意味或身份。将一个人的语义学建立在语句与可断定性条件之间的联结上,并不仅仅是一种将意义理解为关于使用的潜在解释的方式。它也将意义等同于使用的主要特征——使用的其他重要维度大概可以根据它而得到解释。在如此理解的意义与使用恰当性之间的被设想的紧密联系,我认为,是通往意义的广义断定主义路径的吸引力的来源之一。

另一个来源是从相对清楚的解释原材料开始的视野。可断定性理论家的首要义务当然是解释可断定性观念。这样做,首先需要就断定效力(assertional force)做出说明,就一个言语行为有断定意味是怎么一回事做出说明。接下来的要求是,使适合于那个言语行为的恰当性的意义明确化:即说出使一个断定成为恰当的或正确的是怎么一回事,以及使一个说话者有资格或被允许做出那个断定是怎么一回事。这两个任务都不是简单的或直接的。但是我们的确拥有相对熟悉的非神秘的谈论它们的框架。因为第一个是作为在游戏中区分不同种类的步骤的例子出现的;我们被要求,将做出断定看作一个种,和下赌注、喊价、王车易位(castling)②、打赌等共享同一个

---

① 我认为德雷斯克、福德和米丽肯等人提供了具有这种一般外貌的理论。也许,吉伯德(Gibbard)通往道德规范的非常不同的路径,当被概括和适应于语言规范时,也在这里找到了它的一席之地。
② 国际象棋中的一着。——译者注

属。第二个是作为说出何时那具体种类的步骤得到容许的例子出现的。的确,如果我们能像可断定主义者希望和允诺的那样,从这些原材料中建构出关于意义或与陈述句相关的(因此也与它们表达的信念和判断相关的)内容的可操作的概念的话,那么我们应该把自己当作幸运的。

这种乐观视野所面临的最大挑战来自如下事实:断定服从于两种基本的但却完全不同的规范评价。我们可以在如下意义上问一个断定是否是正确的:说话者也许由于拥有理由、证据或某些其他证成而有资格做出那个断定。这可以被当作一种方式,询问是否说话者因施行这一言语行为应受责备,是否说话者已经履行了游戏规则——作为使游戏中具体走出这种步骤的前提条件——的义务等方式。这是可断定主义者由之开始的使用的规范方面。但我们也可以问,在成**真**的意义上,在事物就像它断言它们所是的意义上,断定是否是正确的。正是语义理论恰当性的这一基本标准,解释了这一规范评价的维度,这一有关使用的规范描述的方面。这种我一直称作"可断定主义者"的语义学路径所面临的挑战,就是要表明这一路径所接受的概念原材料自身如何被配置,以用来保证命题内容——因为它,这种**客观的**规范评价是可理解的——的归属。

可断定性理论家们满足语义学理论恰当性的主要标准的尝试,通常采用了诉诸某种**理想性**(ideality)条件的形式。对真的评估被理解为在理想条件下对可断定性(塞拉斯所谓的"语义的可断定性")的评估——即关于这种情况的评估:关于如果一个人是理想的认知者,或被给予了完整的信息、最大化的证据,或处于探究的终点等等的话,那么什么样的断定他有资格做出或是得到了证成。我不打算在这里讨论这一点,但是我自己的观点是,这种策略是毫无希望的①。如果它就是所能提供的最

---

① 我的想法是:由于一个信念在其他方面的更加理想状态的实践结果对于不论是附属信念的**谬误**还是(甚至更加有伤害的)关于它们的**无知**的敏感性,因此不存在任何一种确定这里所说的理想性的方式,不要么是丐题(隐含地诉求于真的观念)的,要么是微不足道的。我在"不成功的语义学"["Unsuccessful Semantics," *Analysis* 54, no. 3 (July 1994): 175-178]中给出了一个论述。

佳策略，那么我们就应该果断放弃这种可断定主义方案。在那种情况下，显而易见的备选项就是从一种有关意义的观念开始：它直接为客观的表象正确性的评估提供了保障，这就是：真值条件。这样，我们便不能将与具有语义内容的语言表达式的关联——借助界定游戏的规则所允许的步骤的直接同化而得以理解——解释为得到了备选的广义可断定主义解释策略的保证。真值条件语义理论家们建构有关断定的规范评估的其他维度——资格、证成、具有理由或证据意义上的可断定性——的尝试，一般采用了可靠性理论的形式。在认知资格或证成意义上的关于可断定性的评估，被理解为关于真的客观或主观可能性的评估。在第三章中，我已经详述了一些让这种策略苦恼的结构问题。

与其相反，我想做的是探索不同的方式，按照这些方式，人们可以从可断定主义者求助的那种规范身份开始，它是根据受规则制约的游戏中的步骤而得以理解的，并基于那一基础，将命题内容与陈述句联结起来，这些命题内容在如下意义上是客观的：独立于在断定中使用它们的语言实践者的态度。这一观念大致将可断定性概念分为两个部分。更准确地说，在可断定性理论家仅诉诸**一种**规范身份——可断定的语句，或者可被证成或有着充分理由断定它的说话者——的地方，我则注意到**两种规范身份**：承诺和资格。在语言实践中辨析这种附加的规范结构，特别是探讨这两种阐明语言行为**效力**或意味的规范身份之间的关系和交互作用，使得我们有可能使具有合适性质的命题**内容**明确化。这其中，首要的是命题内容的——在可明确的超越态度的意义上的——**客观性**，这些命题内容根据语言实践中它们的承担者所起的作用得到恰当的界定，而这些语言实践又根据承诺和资格的改变和继承而得到描述。即使承诺和资格的规范身份本身被理解为**社会的**身份，也就是说，被理解为个体态度和社会态度的创造物，这个结果仍然是有效的。

二、给予和索取理由

通过把那个词①限制在赋予某些行为以**断言**或**断定**的意味的实践范围内,语义可断定主义隐含地对**语言**实践的明确划分做出了承诺。在**断定行为**中**被**断定的、**可断定**的,是命题内容。可断定的内容、可断定者(assertibles)也是可相信者(believables)、可判断者(judgeables);信念状态和判断行为因此可被断定所表达。其独立言说缺乏断定意味的语言表达式是(陈述)语句。我的目标是通过语言表达式在断定实践中所起的重要作用,研究与语言表达式相联接的命题内容。

第一个至关重要的观念是,只有在具有(塞拉斯所说的)**给予和索取理由的游戏**的结构的一套社会实践的语境中,一个举止才值得被当作具有断定的意味。断定本质上是既可以充当理由同时又需要理由的举止。命题内容本质上是既可以充当推论的前提又可以充当推论的结论的东西。这一推论主义观念可以被称为"语言理性主义"('linguistic rationalism')②。语言理性主义并不是语义可断定主义全套装备中的标准部分,但我认为,它是

---

① 指 linguistic 一词。——译者注
② 它不同于第一章中介绍的推论主义,因为那个论题关注的是推论和表象概念的相对解释优先性,而这里使用的语言理性主义并不谈及表象。在《使之清晰》中,我区分了三种推论主义主张:弱推论主义、强推论主义和超强推论主义。弱推论主义的主张是:推论阐明是概念内容的**必要**方面。强推论主义的主张是:**广义的**推论阐明是决定概念内容(包括其表象的维度)的**充分**条件。超强推论主义的主张是:**狭义的**推论阐明是决定概念内容的**充分**条件。广义的推论阐明甚至包括了运用的情境与后果之间的推论关系,即便这一个或那一个是非推论的(如观察的和直接的实践概念那样),这是因为在运用任何概念时,一个人隐含地认同了从运用的情境到后果的推论的正当性。狭义的推论阐明被限制于塞拉斯所说的"语言-语言"步骤之中,也就是说,被限制于命题内容之间的关系。弱推论主义是这些论题中看上去最合理的形式。强推论主义是我在这里以及在《使之清晰》中所认同和捍卫的观点。(人们有时认为,在其1948年的经典的推论主义小册子《推论和意义》中,塞拉斯为弱的推论主义提供了论证,但却引出了强推论主义的结论。)超强推论主义至多在一些抽象的数学概念中才是可能的。语言理性主义是弱推论主义的一个版本,眼下这一章就是要努力表明,如果被恰当地加以详细阐述,它有着强推论主义的后果。

使那个解释策略发挥作用所需要的。在第一章中，我已经说过了对于我来说什么是好的理由使我把给予和索取理由看作是话语（专事概念的）实践的关键核心；我不打算在这里重述它们，而是想把语言理性主义当作一种假设，然后去探索它的后果。

在本章的余下部分，我做出了两个论证。首先，在这一节中，我会论证：没有任何一套实践可被认作关于断定的给予和索取理由的游戏，除非它包含了对至少两种规范身份即**承诺**和**资格**以及与它们相关的某些一般结构的认可。我会揭示我们如何能将包含了那个结构中的那些身份的实践理解为将命题内容赋予那些被适当卷入它们的语言表达式。随后，在下一节中，我将论证：根据对承诺和资格的贡献而被明确化的命题内容——它们阐明了展现那些内容的言语行为的规范意义——展示了一种独特的**客观性**：它们与把它们作为理由加以生产和消费的语言实践者的任何态度都无关。

设想一下，我们有一套筹码或标志物，以至于生产或移动一个筹码或标志物便具有在游戏中做出一个断定步骤的社会意义。我们可以称这种筹码为"语句"。于是，在任何时候，对于任何游戏者来说，都一定存在一种方式，通过某种办法区分出那些他倾向于或准备（或许当被适当地敦促时）做出断定的语句，将它们划分为两类。这些筹码——通过拥有他名单上的或保存在他的盒子中的游戏者的得分而被区分开来——便构成了游戏者的分值。通过玩一个新的筹码，做出一个断定，一个人便修改了自己的分值，以及也许还有其他人的分值。

如下是我的第一个主张：要使这样一个游戏或一套玩具练习被认作包含了断言的话，它必须是这样的情形：移动一个筹码，或另外把它加在一个人的分值上，可以使一个人**承诺**去移动其他筹码，或把它们加在一个人的分值上。如果一个人断言，"这个样品是红色的"，那么一个人**应该**也在他的分值上加上"这个样品是有颜色的"。走出这一步使一个人也有**义务**准备走出另一步。这并不是说，所有的游戏者实际上**的确**

具有他们**应该**具有的倾向。一个人或许并没有按照他的承诺或义务所要求的那样去行动；一个人可能打破或没有遵守这种游戏规则，至少在特殊情形中，并没有因此而被驱逐出断定游戏的游戏者群体。但我仍然主张，断定游戏必须具有这种规则：**后果承诺**的规则。

为什么呢？因为要被认作为断定的话，根据游戏的规则，步骤必须不是无效的，它必须产生差异，它必须具有恰当采取其他步骤的后果。断定表达了判断或信念。将一个语句放在一个人判断的名单上，放进一个人信念的盒子中，具有某人应该如何理性地去行动、判断和相信的后果。我们也许能构造一些场景，在这些场景中，归属那些后果上无产出并与其他信念相隔绝的信念是可以理解的："我就是相信奶牛看上去傻傻的，仅此而已。没有任何东西由此导出，我没有义务以一种特殊的方式按照那个信念行动。"但是，我们**所有的**信念并不是像这样得到理解的。如果把语句放在我的名单上或盒子里**绝不会**对于那里的其他东西产生后果的话，那么我们不应该把这一名单理解为是由我的所有判断所构成的，或者把这一盒子理解为包含了我的所有信念。因为在那种场景中，知道某人倾向于采取什么样的步骤没有告诉我们关于那个人的任何其他东西。

理解一个断言，理解一个断言步骤的意味，要求至少理解它的某些后果，知道某人通过做出那一断言还向自身承诺了什么样的其他东西（其他步骤）。我们可以设想一只鹦鹉，它可以生产一种言谈，这一言谈在知觉的层面上无法与"这个样品是红色的"断言相区别。尽管如此，我们并不认为它断定了那个语句，它在那一游戏中并没有走出一步，我们之所以这样认为，**是**因为它没有觉察到它所表达（如果它能的话）的断言的推论蕴含，它没有觉察到，如果它做出那个断言，它向自身承诺了什么，因此它并没有成功地向自身承诺任何东西。做出那一断定就是向自身承诺诸如那个样品是有颜色的，它不是绿色的等诸如此类的后果。

由于这一理由，我们可以把做出一个断言理解为针对一个推论阐明的内容，采取了一种特殊的规范姿态。这就是**认可**它，对它**负责**，并对它做出自己的**承诺**。把某种东西当作断言行为与把它当作仅仅是动物的发声行为之间的区别，以及把它当作是在断言游戏中走出一步与把它当作一种无所事事的举动之间的区别，就在于一个人是否能够把它当作对一个承诺的接受，这个承诺由于它的后果与其他承诺相关联而得到恰当的阐明。这些都是**合理的**关系，借助于它，接受一个承诺**合理地**使一个人具有接受其他承诺的义务，这些其他承诺作为它的推论后果与它相关联。这些关系阐明了人们通过断定一个语句而接受的承诺或责任的**内容**。没有这些关系，就没有这种内容，因此也就没有断定。

我一直在反复讨论一个或许是显而易见的观点。并不是任何把某些语句从其他语句区分出来的方式，都可以被理解为把那些被断定的语句、那些表达了判断或信念的语句从其他语句中区分出来。因为把语句放在一个名单上或放进一个盒子里，以便作为断定它或相信它而得到理解，这样做必须至少具有承诺的意义或使一个人有义务做出其他类似步骤——运用（因此）作为与原初语句具有推论阐明关联的语句。没有这种后果的承诺，游戏就缺少了我们把它的步骤理解为做出有内容的断言所需要的合理结构。

我的另一个主张是，与给予和索取理由的游戏相结合的实践——即**合理的**实践，它被语言理性主义假设为唯一值得被看作**语言**实践的实践——一定包含对第二种规范身份的承认。我们已经说过，在断定游戏中走出一步，应该被理解为承认了一种特定的**承诺**，它通过把那个被断定的承诺与其他承诺联系起来的后果推论关系而得到阐明。但是给予和索取理由游戏的游戏者们，必须也在对话者所接受的承诺中，区分出她对之具有**资格**的被区分出来的子集。语言理性主义将断定这一基本种类的言语行为理解为本质上既可以作为理由，同时又需要理由的东西。为一个断言提供理由就是生产其他一些断言，它们**允许**一个人或使一个人**有资格**做出那个断言，**证成**那个断言。为一个断言索取理由，就是索取它的根据，索取什么使一个人对那个承诺拥有资格。这种实践预设了一个人对之有资格的那些断定承诺与一个人对之没有资格的那些承诺之间的不同。给予理由的实践，只有在实践者对他们的断言是否拥有资格成为问题的情形下，才是有意义的。

的确，我认为那种要求证成的义务——即对资格的证明——是有关人们在断定某物时所接受的责任、做出的承诺的另一个重要维度。在做出一个断定时，至少在一些情境下，一个人隐含地承认了为一个人已经认可的断言、已经接受的承诺提供理由和证成这一要求是恰当的。除了断言实践的**承诺**维度，还存在着一个**批判**的维度：即对那些承诺的恰当性加以评估的实践的一面。没有这种批判维度，**理由**概念便无从着落。

因此，总的主张是：决定断定言语行为效力的认可，其意义在最低的限度上，包含一种**承诺**，说话者对于这个承诺的**资格**总是潜在地处于争议之中。由陈述句——其言说具有这种效力——所表达的可断定内容，因此必须沿着这两个规范维度被推论地阐明。在下端，它们必须具有推论的**后果**，对于这个后果的承诺被蕴含在对原初内容的承诺中。在上端，它们必须具有推论的**前件**，与可作为前提的内容相关，对于原初内容的承诺资格可以从这些前提中得到继承。

规范身份的这两种风格并不简单地彼此独立。它们相互影响。因为这里所讨论的资格是对承诺的资格。我们可以说，如果对于一个断定内容的**承诺**排除了对另一个断定内容的**资格**的话，那么这两种断定内容是**不相容的**。因此，对语句"这个样品是红色的"所表达的内容的承诺，排除了对于通过断定"这个样品是绿色的"语句所接受的承诺的资格。由语句所表达的**内容**间的不相容性，源自阐明那些语句断定**效力**的两种规范维度间的相互作用，导致了各自的那种推论关系。因为，根据语句在其中起作用的给予和索取理由的特殊断定游戏的规则，我们可以将每一语句和与它不相容的所有语句的集合联系在一起。这些集合间的包含关系于是对应于语句间的推论关系。也就是说，由断定"这个样品是朱红色的"所表达的断定内容蕴含了由断定"这个样品是红色的"所表达的断定内容,因为任何与"是红色的"不相容的东西也与"是朱红色的"不相容①。

所以,在包含给予和索取理由的游戏的实践中一定起作用的两种规范身份,即承诺和资格,引出了由卷入那些实践中的语句所恰当表达的可断言内容方面的**三种**推论关系:

承诺的(即,保留承诺的)推论(committive inferences),一种概括演绎推论的范畴;

许可的(即,保留资格的)推论(permissive inferences),一种概括归纳推论的范畴;以及

不相容性蕴含(incompatibility entailments),一种概括模态(支持反事实的)推论的范畴。

人们可以在相对一般的基础上论证——尽管我不会在这里这么做——这三种推论后果关系可以按照它们的力量加以严格排序:所有不相容蕴含(incompatibility entailments)都是保留承诺的(commitment-preserving)(但反过来不成立),所有保留承诺的推论都是保留资格的(entitlement-preserving)(但反过来不成立)。

这就是我在本章标题中所说的"合理性的规范精致结构"的含义。理性实践,即包含生产和消费理由的实践——即我们由之开始的塞拉斯的口号"给予和索取理由的实践"——必须区分两种规范身份:一种**承诺**,它被断定的言语行为——单凭它们任何东西就可以被**当作**理由而提出——所接受;以及一种**资格**,它是当理由被寻求或要求时,处在争议中的东西。这一规范精致结构是沿着三条轴线**被推论阐明的**,是由承诺的

---

① 应该看到,承认不相容性意味着把对资格的评估看作两阶段的过程。首先,一个人评估对资格的初步断言,然后从这个集合中区分出与其他承诺不相容的那些承诺,因而它们被从资格中排除。我(在这里以及后面)所说的"保留资格的推论"是对初步承诺的继承的结构化。

继承、资格的继承以及根据不相容性由承诺和资格的相互作用所界定的蕴含。

可断定性理论背后的核心观念是实用主义观念。它从我们**做**的某种东西开始——明确地说,从**断定**的基本言语行为开始,从断定**效力**的观念开始——然后直接从支配那种言语行为的恰当性中读出**内容**(我们所说的或所想的)观念。因此,陈述句所表达的内容是根据可断定性条件,即**恰当**断定一个语句的条件,得以确认和阐明的。我已经提出,在承诺语言理性主义的语境中,在承诺给予和索取理由的游戏是断定的基本语言游戏这一观念的语境中,这种有关断言恰当性的未加区别的规范概念可以被更精致阐明的规范结构所替换。因为给予和索取理由的游戏自身显现为包含着两种不同的规范身份(因此也包含了两种不同的规范评估)。我们必须记录在那些参与包含给予和索取理由实践的人头上的分值有两个组成部分:我们必须追踪他们对什么**做出承诺**,我们也必须追踪他们对这些承诺中的哪一些**具有资格**。

在**语用学**理论层面上即断定**效力**理论层面上使之精致化,引发了相应地在**语义学**层次上即断定**内容**理论层面上的精致化。因为现在,取代"在什么样的情境下,断定那个语句是恰当的?"这种未加区别的问题,我们必须要问的是,"在什么样的情境下(例如,在什么样的其他断言的语境下),一个人可被看作对那个语句表达的断言**做出了承诺**?"以及"在什么样的情境下(例如,在什么样的其他断言的语境下),一个人可被看作**有资格做出那个断言**?"的确,它表明,我们应该不仅只是关注上端,询问哪些断言或情境使我们对正在讨论的那一断言做出承诺或有资格做出那一断言;而且我们也应该关注下端,询问正在讨论的那个断言使我们对哪些作为**后果**的其他断言做出了承诺或使我们有资格做出那些断言。更进一步,我们应该考虑这两种规范维度——通过同样追问正在讨论的断言与哪些其他断言**不相容**,我们已经把关于可断定性或恰当断定的未加区分的观念细分成这两种规范维度——的相互作用。这一结构为广义的可断定主义语义理论,即追求从首先是语用学素材的使用恰当性中直接导出语义内容的观念的那些理论,提供了需要进一步去做的大量工作。

三、客观性

在最后这一节我想做的,是展示这种更加丰富的语用学结构能够获得的语义学回报之一。

可断定主义语义学理论力图通过将作为语义解释项的语句与**可断定性条件**相关联来理解命题内容。在这些情境下,讨论中的语句是可恰当断定的。这种理论的吸引力在于它们在意义与使用之间建立的非常紧密的联系。它们坚持直接从**语用**规范中读取**语义**规范这一许诺,也就是说,直接从断定游戏规则中,或从参与断定实践的那些人所隐含承认的规范中,读取语义规范。它们面临的挑战是从它们机制的另一端得到可充分客观地被认作命题内容观念的"正确"的含义。表面看来,断定的言语行为服从于两种主要的规范评估。一种是问,根据实践者的态度,言语行为是不是恰当的:所有现成的证据都得到说明了吗?就实践者所知道的范围而言,做出的推论是好的推论吗?一般而言,说话者遵循了游戏规则以致不应由产生那样的断定而受到指责?另一种评估不考虑实践者的态度,取而代之地是考虑断言在合适规范下所谈论的素材。这里的核心问题是,断言在事情确实如其所说的意义上是正确的么?只有一个全知的存在者才能遵循一个责成实践者只做真断言的规则。这就意味着,那些不是出于自身的错误而做出错误断言的行为是不受责备的。虽然如此,这种进一步的评价仍是可能的。

所以,这种理论面临一种结构上的困境。为了使它们的原材料尽可能地得到理解,人们想把可断定性紧紧地系在人的态度上,系在他们**当作**(take to be)可断定的或**待为**(treat as)可断定的东西上。这并不需要采取那种极端的形式,把语句的可断定性条件与非规范地明确的条件——在这些条件下,实践者倾向于对那些语句做出断定——相等同。但存在着使任何被求助的规范变成如下这种规范的压力:它们可以从运用和承认那些规范的可运用性的实践者的态度中被读取出来。然而,阐明与语句相关联的内容的可断言性规范越细致地反映了那些使用语句的人们的态度,他们距离在评价表象正确性时所求助的那种客观规范,距离按照一个人所谈及的事物所树立的标准把事情做对,就越远。如果"可断定的"被解读为在这种更客观的意义上要求正确性,那么,可断定性条件就成了真值条件,与使用那些语句做出断定——它们许诺将语句与可理解的语义内容联系在一起——的人的态度和实践的连接,因此而变得模糊。所以,可断定性理论面临的挑战是,要从断定恰当性概念开始,它以说话者和听众的实践为基础并根据这一实践而得到理解,然而这一实践丰富得足以保证规范的评估,这种规范的评估在超越实践者态度的意义上是客观的。

考虑一下那种通常给可断定性理论带来麻烦的例子。无论何时,只要

1. "这个样品是红色的"

("The swatch is red")

是可恰当地断定的,那么就同样可恰当地断定:

2. "这个样品是红色的断言是我现在可恰当断定的"。

("The claim that the swatch is red is properly assertible by me now.")

因为后者,作为**被**断定内容的部分,只是使隐含在前者断定**活动**中人们正在做的东西清晰化了。然而,我们想要说,这里的内容是不同的。尽管两个断言有着相同的**可断定性**条件,但他们有着不同的**真值**条件。因为,那样品可以在我没有处于**说**出它是红色的位置时,它**是**红色的。当然我们可以描述一些情境,在那里我对断定"那样品是红色的"具有极好的证据,以至于(1)对于我而言是可断定的,即使它实际上并不是红色

的——或许，甚至在样品并不存在的情境中。看上去，可断定性理论遗漏了某些重要的东西。

但是，如果我们借助于更精致的有关承诺和资格以及不相容的规范语汇，事情看上去便会有所不同。我们看到，只有当与(1)不相容的所有事物都与(2)是不相容的并且反之亦然时，(在它们的不相容性蕴含彼此的意义上)(1)和(2)具有同等不相容性(incompatibility-equivalent)。但是，在刚刚被描述的情境中，事情却不是严格如此的。说样品可以在我没有处于说出它是红色的位置时是红色的，也就是说，和我现在可断定的(1)①不相容的某些断言并不是和(1)不相容的。例如

3. "我不存在"

("I do not exist")，或者

4. "理性的存在者从未进化"

("Rational beings never evolved")

都是与(2)不相容却不是与(1)不相容的。说存在一些情境，在这些情境中我有极好的证据表明(1)是真的以至于它是我可以恰当断定的——即便(1)实际上并不是真的，也就是在说，存在着一些断言，它们与(1)不相容，但并不与可被我所断言不相容。但是

5. "在样品没有出现但在知觉方面相当标准的情境中，我的视觉神经受到刺激，就像如果在我面前存在一个红色样品，它所受到的刺激一样"

("In the absence of the swatch, but otherwise in circumstances that are perceptually quite standard, my optic nerve is being stimulated just as it would be if there were a red swatch in front of me")

也许具有合格条件。通过区分断定**承诺**的身份与对这种承诺**拥有资格**的身份而提供的附加规范表达资源，足以区分通常的断言内容与关于什

---

① 原文如此。疑此处(1)为(2)。——译者注

么是可断定的断言内容。

一个人可能担心,这一结果不是健全的而是依赖于根据有关恰当可断定性的无差别的观念建立起检验的例子,虽然评估它时使用了更加明确的承诺和资格(以及不相容性)的规范概念。这一想法认为,更好的检验例子是由下面的断言所提供的:

2′. "我现在承诺了这个样品是红色的断言",

("I am now committed to the claim that the swatch is red",)

并且

2″. "我现在有资格做出这个样品是红色的断言"。

("I am now entitled to the claim that the swatch is red.")

但事实上,这种附加的明确性并没有导致不同。(3)和(4)与(2′)和(2″)都是不相容的,正如它们和(2)不相容一样,尽管它们和(1)不是不相容的。(5),或者(5)的某种变项,仍然和(1)不相容,但和(2′)、(2″)不是不相容的。

事实上,对(2′)和(2″)的关注提供了某种洞见,使人们理解了**为什么区分承诺和资格的规范身份**,在广义的可断定主义语义理论方面,与模糊概念可断定性相比较,提供了一种重要的表达的进步。因为,尽管一个人每当**承诺**了(1)时,也对(2′)做出了**承诺**,但他不会对那些同样情境下的所有断言都**具有资格**。特别是,我可以仅仅在复述我承诺的基础上——也许通过注意我刚刚断定了(1),不需考察样品的颜色——对(2′)**拥有资格**。但是,只有通过那种考察,我才能对(1)**拥有资格**。在另一个例子中,每当一个人对(1)拥有资格他就对(2″)也**拥有资格**,这一点甚至是根本不清楚的。在可靠主义(我在第三章中所说的可靠主义的基本洞见)是正确的范围内,在没有好的理由**相信**我对一些断言拥有资格的情况下,我可以对它们拥有资格。但即使它是错误的,对(2″)这种形式的断言拥有资格也的确始终伴随着对于诸如(1)这种基本层面的断言的资格,这两种断言仍然可以根据它们所包含的**承诺**而区分开来。因为，一个人当然可以**承诺**"样品是红色的"这一断言，也就是（1），而并不因此承诺他**有资格**做出这个承诺的断言。一般来说，一个人**应该**对他的承诺具有资格，但正是在我们必须区分一个人有资格做出的那些承诺和一个人没有资格做出的那些承诺的范围内，给予和索取理由的游戏才是有意义的。因此，一个人必须至少允许这种**可能**：在任何特殊例子中，他都处于这种位置上。再有，（2″）和（1）并不明显地拥有相同的承诺推论（commitment-inference）**后果**。条件句

6."如果这个样品是红色的，那么这个样品是红色的"

("If the swatch is red, then the swatch is red")

明显是正确的，就它是对保持承诺（commitment-preserving）推论（这种结结巴巴的推论是最安全不过的）的整理而言。相比之下，条件句

7."如果我对'这个样品是红色的'这一断言具有资格；那么，这个样品是红色的"

("If I am entitled to the claim that the swatch is red, then the swatch is red")

在保持承诺的意义上，不是应该被认作正确的条件句，至少对人们关于经验事实可以确保的那些资格概念来说。毕竟，它是这种非常不可信的图式

8."如果 S 对'这个样品是红色的'这一断言具有资格；那么，这个样品是红色的"

("If S is entitled to the claim that the swatch is red, then the swatch is red")

的一个例子。

现在，关于在这些例子的讨论中所使用的承诺和资格（因此也包括不相容性）的概念的具体细节，我一直尽可能小心地不做出表态。因为那一理由，在许可的、承诺的和不相容的这三种基本意义的任何一个上，我关于什么是好的推论什么不是好的推论的某些特殊断言，对于那些思

考有关承诺和(尤其是)资格的特殊思考方式的人来说,是会引起争议的。但是关于这些细节的担心不会影响我所推崇的总的观点。因为正是那种关于承诺和资格(因此也是关于不相容性)的观念**可以**发挥效用,以致能严格地、系统地在通常的经验断言内容与关于谁对什么做出了承诺或谁对什么有资格的任何断言内容之间做出区分。配置承诺和资格概念的其他方式**不会**接受所有那些区分,这一事实是不相干的;它只是提供了一种不要使用承诺和资格**那些**观念的好理由。

事实是,共享**可断定性**条件的语句与共享**真值**条件的语句之间的区别——比如诸如下面这种语句所描述的:

9. "我会写一本关于黑格尔的书",

("I will write a book about Hegel")

和

10. "我预见,我会写一本关于黑格尔的书",

("I foresee that I will write a book about Hegel")

它们在第一种方式上是类似的,但在第二种方式上是不同的——可以根据资格和承诺的方式而做出,无需诉诸真的观念。我可以在相同的情境下**承诺**(9)和(10),甚至在相同的情境下对它们**拥有资格**;我们可以严格控制"预见"的使用以确保这一点。但是

11. "我会在十分钟后死去"

("I will die in the next ten minutes")

会仍然是和(9)不相容的,但却不是和(10)不相容的,因为任何预见概念都不蕴含全知者①。我们不应该对此结果感到惊讶,因为(9)和(10)的

---

① 如克里斯平·赖特(Crispin Wright)(在一篇尚未发表的关于这一论证的评论中)所指出的,根据这里提供的定义,如果两个断言在它们的不相容性方面是不同的,它们至多只是在一个人对它们表面上拥有资格的情境中相似,而不是在一个人**最终**对它们拥有资格的情境中相似。可断定主义传统并未做出这种区分,这是因为它没有首先将未区分的断言性身份划分为承诺和资格(因此也不处在讨论不相容性的位置上)。我认为,我们可以给出一个好的例子,来处理他们(隐含地)将资格关注为表面资格的一些动机。

后果是非常不同的。

12. "如果我要写一本关于黑格尔的书,那么,我要写一本关于黑格尔的书"

("If I will write a book about Hegel, then I will write a book about Hegel")

是(再说一遍)一个人所能渴望的安全的推论。

13. "如果我预见了我会写一本关于黑格尔的书,那么,我会写一本关于黑格尔的书",

("If I foresee that I will write a book about Hegel, then I will write a book about Hegel,")

相比之下,就是一个条件句,它的貌似可信(plausibility)依赖于我的预见有多好。(毕竟,有许多没了下文的"第一卷"。)即便由(13)的前件所清晰化的那个承诺,就**是**后件中所表达的承诺,但仍然存在着一些诸如(11)这样的断言,它们与它的后件不相容,但并不与它的前件不相容。(9)与(10)之间在内容方面的不同——我们习惯于把它们看作是真值条件(相容于它们可断定性的条件的同一性)的不同——正是它们后果的不同,这种不同被压缩在条件句(12)和(13)的不同身份中。并且,那个不同将自己展示在与(9)和(10)不相容的断言中,这是一个我们完全可以根据承诺和资格的规范身份来加以理解的概念。换种方式说,根据不相容性——其本身根据承诺和资格的基本规范身份得以界定——来看待命题内容,为区分不能保证真的"可断定的"意义(如"预见"所是的那样)与保证真的意义(根据某种"理想的"资格而被永恒地追求——在将它从实际给予和索取理由的实践中实质地移开这样一种"理想的"意义上),提供了表达的资源。在此意义上,"……是可断定的"是多余的,因为与"p 是可断定的"相关联的不相容性正是那些在"p 是**真的**"时与 p 相关联的不相容性。

所有这一切的关键是,命题内容的**客观性**——即这样一个事实:在断言"这个样品是红色的"时候，我们并没有就谁可以恰当地断言任何东西，或谁承诺了什么或对什么有资格，说出任何东西，但我们的确是在说某种即便从来没有任何理性的存在物也可以是真的东西——是一种我们可以理解为阐明了语句使用的资格和承诺的结构的特征，一种在广义上支配断定行为、给予和索取理由的实践的规范结构的特征。我们可以理解具有那个结构的实践，即使我们把承诺和资格本身理解为**社会**身份，由语言实践者的态度所建构。我们所需要的**一切**在于：联结到诸如"这个样品是红色的"这种日常经验断言上的资格和承诺，产生出这些断言的不相容性，它们恰当地区别于那些与有关谁做出承诺，谁有资格承诺，或谁处于做出断定位置上的任何断言相关联的不相容性。对于这种意义上的客观的命题内容的认知，是对任何其推论阐明的实践承认承诺和资格的不同规范身份的社群开放的。我在前一节中论证了：这包含了所有的**理性**社群——所有其实践包含了给予和索取理由的游戏的社群。根据这种语言理性主义的论点，这是所有无论什么样的语言社群。我在这里已经尝试着解释，我们如何可能开始将我们思想的客观性——按照那种方式，我们的思想内容超越了我们对那些内容所拥有的认可态度或资格——理解为那种合理性的规范精致结构的一个特殊的方面①。

---

① 超越传统的可断定性的理论以便为陈述句的客观表象内容建立一个合适的观念，更为完整地展开这一过程（如在《使之清晰》中所做的）可分为**三**步。第一步：从把可断定性看作基本的规范语用的或效力-相关的(force-related)观念，转向资格和承诺的观念（然后它使对不相容性的界定成为可能）。第二步：从获得这里所说的规范身份的**情境**，转向也包含获得它的**后果**——正如第一章所主张的那样。这就是转向起到推论作用的内容的观念，把命题的内容性等同于在各种推论中既起到前提也起到结论作用的恰当性。这一步和前一步的相互作用，产生了我在这里所使用的推论的三种观念（保留承诺、保留资格和不相容性蕴含）。第三步：从关注规范身份（可断定性、承诺、资格），转向关注规范的**社会态度**。也就是聚焦作为基本现象的(向他者)归属和(自身)承认承诺等。在第五章中，我论证了，这种**社会视角**的区分是使命题内容的明确的**表象**维度可被理解的原因。在这一叙事的最后，有人可能会担心，怎么可能(一个人必须做什么以便)对一个人**自己**的态度，似乎是采用一个第三人称的视角，并因此在对它们的内容提供 *de re* 明确化时，将它们当作原则上服从于其他人的态度所同样服从的那种评估。本章的论证为那一问题提供了答案。

索 引

本索引所标页码为原书页码，即中译本页边码

A

aboutness, 关涉, 42、158 也参见 de re ascription, 从言归派; intentionality, 意向性; representation, 表象
abstractionist strategies, 抽象主义策略, 24
accidentally true beliefs, 偶然为真的信念, 114
acknowledgements, 承认, 173 - 175、177 - 179、181
acquired belief, 获得的信念, 106 - 107、121
action, 行动, 15、24、37 - 38、79 - 96 也参见 commitment(s), 承诺; practical reasoning, 实践推理
adverbs, 副词, 206 n14
analysis of meanings, 意义的分析, 31 也参见 concepts, 概念
Anscombe, G. E. M. 安斯康姆, 82
articulation: inferential, 阐明: 推论的, 17, 22, 26, 28, 39, 44, 52, 63, 108, 129, 161 - 166, 173, 178, 183, 193, 195, 220 n4; conceptual, 概念的, 32; logical, 逻辑的, 52; social, 社会的, 158 - 159, 163
ascriptions, 归派, 175 - 178、183
assertibilism, 可断定主义, 64、185 - 189
assertibility conditions, 可断定性条件, 196 - 198, 201 - 202
assertional commitments, 断定的承诺, 179
assertional contents, 断定的内容, 192, 194, 196
assertional practices, 断定的实践, 189, 193, 197
assertion(s): pragmatic nature of, 断定: 语用本性 11 - 12, 17, 40; and inference, 与推论, 15, 17, 43; and singular term, 与单称词, 125, 129, 145 - 147, 152 - 153; and 与 reasons, 理由, 161, 165, 189 - 195 也参见 commitment(s), 承诺; language, 语言; linguistic practice, 语言实践; propositional contents, 命题内容; sapience, 智识; speech acts, 言语行为
assessment, 评估, 44; substitutional commitments, 替换承诺, 181 - 182; normative, 规范的, 187 - 189, 197
assimilation, 同化, 2 - 3、11

assimilationalism,同化主义,34

assimilation theory,同化理论,3,6

associationist strategies,联想主义策略,24

asymmetric substitution inferences,不对称的替换推论,135 - 136,142 - 143,144 - 146,149,151 - 154

atomism,原子主义,15 - 16,29,31

attributions,归属,168 - 169,173 - 175,178,180 - 181

authority,权威,11,31,44,76,165

awareness,觉知,2,7,16 - 17,20,22,24 - 25,31,35,48,157,160

B

belief(s),信念,4 - 6,12,16 - 17,37,43,53,69,82 - 84,187,210 n2,211 n6;true,真的,39,97 - 101,106 - 108,111 - 112,114,118 - 119;and reliabilism,与可靠主义,97 - 121;acquired,获得的,106 - 107,121;perceptual,知觉的,108 - 109,121;and reasons,与理由,158 - 161,165 - 166,168,174 - 177,180 - 182,189,191 - 192;collateral,附属的,219 n3 也请参见 commitment(s)承诺

Belnap, Nuel D., Jr.,贝尔纳普,68

Bennett, Jonathan,本尼特,70

blindsight,盲视;super,超级的,102 - 106

blindspots,盲点,39,97 - 122

Boole, George,布尔,58

boolean logic,布尔逻辑,58 - 59

bottom-up semantic explanation,自下而上的语义解释,12 - 15

Bradley, F. H.,布拉德雷,140

Brandom, Robert B., *Making It Explicit*,布兰顿:《使之清晰》,10,35 - 36,80 - 81,119,205 n7,209 n4

C

Carnap, Rudolph,卡尔纳普,7,23,118;*The Logical Syntax of Language*,《语言的逻辑句法》,50

causal chains,因果链,113 - 115 也参见 reliabilism,可靠主义

causal functionalism,因果功能主义,95

causes,原因,45 - 46,53,84,94

certainty,确定性,210 n1

ceteris paribus clauses,其他因素不变的子句,88 - 89

charged words,带有感情色彩的语词,69 - 71

Chomsky, Noam,乔姆斯基,126 - 127

circumstances,情境,62 - 66,69,72,74 - 75,221 n7 也参见 claims,断言;

consequences, 后果

claims, 断言, 43-44, 48, 56-57, 64, 81-82, 86, 196-197; assertion of, 的断定, 11-12, 125, 194; in semantic explanations, 语义解释中的, 12-15; expressive nature of, 的表达性质, 16-19; conditional, 条件句, 21-22, 86-87; inferentially articulated, 推论阐明的, 26, 28-29; knowledge, 知识, 39; and objects, 与对象, 40; conceptual content of, 的概念内容, 50; reliable, 可靠的, 107; counter-, 反-, 149; and reasons, 与理由, 158-162, 164-169, 174-175, 180-183, 193; understanding, 理解, 189, 191; undertaking, 接受, 192; quantificational, 定量的 214 n13

classification, 分类; conceptual, 概念的, 17, 48

cognitive activity, 认知活动, 46, 157, 160

cognitive responsibility, 认知责任, 105-106

collateral beliefs, 附属信念, 219 n3

commitment-preserving inferences, 保留承诺的推论, 43-44, 195, 201 也参见 inference(s), 推论

commitment(s), 承诺, 31, 73, 220 nn5-6, 221 n7; inferential, 推论的, 30, 64, 69-79, 91, 147-149, 178; and reasons, 与理由, 43, 163-168, 174-175, 177-178, 183, 189-196; incompatible, 不相容的, 44; explicit/implicit, 清晰的/隐含的, 56-57; and practical reasoning, 与实践推理, 80-85, 91-96; practical, 实践的, 93-96; discursive, 话语的, 94, 164-165; consequential, 后果的, 108-109, 191-192; and reliabilism, 与可靠主义, 108-109, 118-120; SMSICs, 简单的实质替换-推论的承诺, 136-141; and singular terms, 与单称词, 151-153; substitutional, 替换的, 178-182; assertional, 断定的, 179; normative, 规范的, 189-196, 198-203 也参见 action, 行动; assertion(s), 断定; belief(s), 信念; entitlement 资格

committive inferences, 承诺的推论, 194

communication: 交流, and representation, 与表象, 165-169, 183; and beliefs, 与信念, 180

concepts, 概念, 1-22, 80, 108-109, 160

conceptual articulation, 概念的阐明, 32

conceptual assimilationalism, 概念的同化主义, 34

conceptual blindspot, 概念的盲点, 39, 109, 117-118, 121

conceptual classification, 概念的分类, 17, 48

conceptual content, 概念内容, 1-2, 32, 36, 39-40, 48, 50, 62-64; assimilation/differentiation, 同化/分化, 2-3; platonism/pragmatism, 柏拉图主义/实用主义, 4; mind/language, 心灵/语言, 5-7; representation/expression, 表象/表达, 7-10; intensionalism/inferentialism, 内涵主义/推论主义, 10-12; bottom-up/top-down semantic explanation, 自下而上/自上而下的语义解释, 12-15; atomism/holism, 原子主义/整体论, 15-16, 29; traditional/rationalist expression, 传统的/

理性主义式的表达句,16-19;epistemological/expressive logic,认识论的/表达的逻辑,19-22;empiricism,经验主义,25;and rationalism,理性主义,28-30
conceptual expressivism,概念表达主义,809
conceptual holism,概念整体论,16
conceptualization,概念化,16,21
conceptual norms,概念规范,81 也参见 norms,规范
conceptual platonism,概念的柏拉图主义,4
conceptual pragmatism,概念的实用主义,4
conceptual representation,概念的表象,7
conceptual self-consciousness,概念的自身意识,35
concept use,概念使用,normative character of,……的规范特征,163-165
conclusions,结论,13,40,165-166 也参见 inference(s),推论
conditional claims,条件句断言,21-22,86-87
conditional locutions,条件句的措辞,60,71
conditionals,条件句,37,41,43,53,59-60,71,81,145-148,152,154-155 也参见 logic,逻辑
connectives:连接词,sentential,语句的,62-63;logical,逻辑的,67-68,72
consciousness,意识,20,22,24,35
consequences,后果,62,69,72,74-75,80-81,159,193,196,221 n7;for sentences,对于语句,63-66;practical,实践的,66;inferential,推论的,193-195 也参见 assertion(s);断定;circumstances,情境
consequential commitments,作为后果的承诺,108-109,191-192
conservativeness,保守性,66-69,72-73
contents:内容,conceptual,概念的,1-22,25,28-30,32,36,39-40,48,50,62-64;nonconceptual,非概念的,2-3,10-11;propositional,命题的,20,36-37,40,55,63,66,158,161-166,169,173,175,183,186-190,203,221 n7;representational,表象的,158-159,166,173,182-183;and inference,和推论,161-163;assertional,断定的,192,194,196
coresponsibility,共同责任,160
culture,文化,26,33,3

D

Davidson,Donald,戴维森,5-6,30,52,82,84-85,87,90,92,95
declarative sentences,陈述句,4,14,22,40,125,160,186-189
de dicto ascriptions,从言归派,169-173,175-180
Dennett,Daniel C.,丹尼特,176
de re ascriptions,从物归派,169-173,176-183 也参见 aboutness,关涉;intentionality,意向性;representation,表象

derivation,派生,66-69

Derrida, Jacques,德里达,15

Descartes, René,笛卡尔,5,7,45-47,63,80,163-164

desires,欲望,31,82-84,87,92,158

Dewey, John,杜威,6,11,23,34

differentiation,区分,2-3

discriminations,区别,103,107

discursive commitments,话语承诺,94,164-165

discursive practices,话语实践,2,10-11,43,166,190

distinction theories,差别理论,3

Dretske, Fred I.,德雷斯克,3

Dummett, Michael,达米特,5-6,11,30,45,51-53,59,61-63,65-67,69,71,73-75,77,132,161,208 n3,213 n11,214 n12

E

elucidative rationality,阐释的合理性,56-57,77

empiricism,经验主义,23-26,28,31-32,38,45,47

endorsements,认可,31,52-53,89-92,120-121,167-168,178,193 也参见 commitment(s),承诺

enlightenment,启蒙,7-8,46

enthymemes,省略的三段论,53,85

entitlement,资格,220 nn5-6,221 n7; and commitments,与承诺,43-44,75-76,80-81,84,93,96,118-119,164-166,168,189-190,193-196; justificatory,证成的,111

entitlement-conferring reasons,赋予资格的理由,84,195

entitlement-preserving inferences,保留资格的推论,43-44,90-92

epistemological logic,认识论的逻辑,19-22

evaluative vocabulary,评价语汇,89 也参见 normative vocabulary,规范语汇

exceptionalism,例外主义,11

experience,经验,23-25,205 n7

explicitness,清晰性,2,4,8-9,11,14,16-22,32,35,37,42,56-57,71-72,81,86-87,145,153-154,166,174-175,177,198 也参见 assertion(s),断定; implicitness,隐含性

expressive deduction,表达的演绎,153-154

expressive logic,表达的逻辑,19-22,57-61,81

expressivism/expression,表达主义/表达,7-11,13-14,16-19,23,26,30,34,42,56-57,123,132,150,152,219 n1; conceptual,概念的,8-9; rationalist,理性主义的,9,14,16-19,23,35; subsentential,次语句的,12-13,21,40-41,124-129;

logical,逻辑的,45-77;of normative vocabulary,……的规范语汇,89-92,96;
de dicto/de re,从物/从言,169-173
externalism,外在论,99,114-115,120

F

facts,事实,40
faith,信仰,105
feelings,情感,inner,内在的,16
Fodor,Jerry,福德,3
force,效力,12,40,160,188,193-196 也参见 pragmatics,语用学
formalism,形式主义,31,52-53,85-86 也参见 logic,逻辑
founding insight,基本洞见,39,97-103,105-106,110,112,117-118,122,200
Frege,Gottlob,弗雷格,7,11-13,40,45,49-52,55-62,80,123,125-131,155,
159-161,213 n12,214 n13

G

Gauthier,David,高梯,92
Geach,Peter T.,吉奇,5
Gentzen,Gerhard,根岑,61-63,68
genus of conceptual,概念的属,7-10
gesture,姿态,outer,外在的,16
Gettier,Edmund,葛梯尔,97,100
Goldman,Alvin,戈德曼,113-115
Goldman's Insight,戈德曼的洞识,39,112-117,120,122
grammar,语法,213 n5
grammatical categories,语法范畴,130
greece,希腊,ancient,古希腊,52

H

Hamann,Johann Georg,哈曼,74
harmony,协调一致,69,72-76
Haugeland,John,豪吉兰德,34
Hegel,G.W.F.,黑格尔,22,32-35,64,207 n16;*Phenomenology*,《精神现象学》,
47
Heidegger,Martin,海德格尔,11,23;*Being and Time*,《存在与时间》,34
Herder,Johann Gottfried von,赫尔德,8
historical context,历史语境,22-35
histories,历史,26-27

holism,整体论,15-16,29,35

Hume, David,休谟,30,32,35,47,79,84-85,89,92,96

hyperinferentialism,超强推论主义,28,206 n10,219 n4 也参见 inferentialism,推论主义

I

implicit Insight,隐含的洞见,39,112,117-122

implicitness,隐含性,2,4,8-9,16-22,32,34-35,42,56-57,72,81,87,153-154,166,174,198

incompatibility,不相容性,43-44,194-196,198-200,202-203,220 n5 也参见 commitment(s),承诺;entitlement,资格;inference(s),推论;negation,否定

incompatibility entailments,不相容蕴含,194

inductive reasoning,归纳推理,99

inference(s),推论,1,11-13,17-19,21,29-30,35,37,39-40,43-44,50-51,59-61,81,86-87,125,147;reliability,可靠性,21-22,120;material,实质的,52-55,72-76,85-87,90;patterns of,……类型,90-92;and reliabilism,与可靠主义,112,117-122;substitution,替换,133-141,149-154;and sapience,与智识,157-158;and contents,与内容,161-163;and reasons,与理由,161-163,165-166,168,175,183;committive,承诺的,194;permissive,许可的,194 也参见 incompatibility,不相容性;material inferences,实质推论;reasons,理由

inferential antecedents,推论前件,194

inferential articulation,推论的阐明,17,22,26,28,39,44,47,52,63,108,129,161-166,173,178,183,193,195,220 n4

inferential commitments,推论的承诺,30,64,69-79,91,147-149,178

inferential consequences,推论后果,193-195

inferential harmony,推论的协调一致,75

inferentialism,推论主义,28-29,34,37-38,41-44,62;and conceptual content,与概念内容,10-22;semantic,语义的,15,45-77;hyper-,超强-,28,206 n10,219 n4;strong,强的,28-29,206 n10,219 n4;weak,弱的,28,206 n10,219 n4;and representationalism,与表象主义,45-47;and noninferential reports,和非推论的报告,47-49 也参见 representation,表象;semantics,语义学;truth conditions,成真条件

inferentialist pragmatism,推论主义的实用主义,11-12,18,40

inferential practices,推论实践,166

inferential relations,推论关系,28,39-40,46,50,193

inferential semantics,推论语义学,81

inferential significance, and substitution,推论的意味,与替换,133-136

insights,洞见,39,97-122

instrumentalism, 工具主义, 31, 67
instrumental norms, 工具的规范, 31
intensionalism, 内涵主义, 10-12
intentional attitudes, 意向态度, 182
intentionality, 意向性, 5-6 也参见, aboutness, 关涉; de re ascriptions, 从言归派; representation, 表象
intentions, 意向, 37, 82-84, 94-95, 158, 161, 182-183
internalism, 内在论, 99, 103-105, 115
interpersonal inferential commitments, 人际推论的承诺, 42 也参见 de re ascriptions, 从言归派

J

James, William, 詹姆斯, 6, 34
judgments, 判断, 13, 15-16, 48, 50, 59, 80-81, 124-125; and reasons, 与理由, 159-160, 164, 174; and beliefs, 与信念, 160, 187, 189, 191-192; and claims, 与断言, 160, 164, 174 也参见 assertion(s), 断定
justification, 证成, 165, 168, 174, 193
justificatory entitlement, 证成资格, 111
justificatory internalism, 证成的内在论, 103-104, 115, 211 n3
justified true belief, 得到证成的真信念, 97, 99-100, 104, 168

K

Kant, Immanuel, 康德, 5, 13, 32-33, 38, 45, 47, 79-80, 92, 94, 96, 124-125, 155, 159-161, 163-164, 174
Kaplan, David, 卡普兰, 172
knowledge, 知识, 23-25, 39, 168, 181, 210 nn1-2, 211 n3; and reliabilism, 与可靠主义, 97-121; perceptual, 知觉的, 113-115

L

language: 语言: as intentionality locus, 作为意向性处所, 5-7; expressive richness of, ……的表达丰富性, 20, 41; cognitive role of, ……的认知作用, 23; and empiricism, 与经验主义, 25; charged words in, ……中带有感情色彩的语词 69-71; and subsentential expressions, 与次语句表达句, 123, 126-127, 144-145, 153-155; logical/prelogical, 逻辑的/前逻辑的, 217 n21 也参见 assertion(s), 断定
laws, 法则, 94
Leibniz, Gottfried Wilhelm, 莱布尼茨, 46
Leonardo da Vinci, 达芬奇, 8
linguistic expressions, uses of, 语言的表达,……的使用 185-187, 213 n7

linguistic practice,语言实践,23,164-165,189,192 也参见 assertion(s),断定
linguistic pragmatism,语言实用主义,14
linguistic rationalism,语言理性主义,189-190,192-193,195,204 也参见 inference(s),推论;rationalism,理性主义
linguistic theories,语言理论,5-7
Locke,John,洛克,23,35
locus of conceptual,概念的处所,5-7
locutions,conditional,处所,条件句的,60,71
logic,逻辑,13,23,31-32,35,44,51,77,89,153,208 n3;and conceptual contents,与概念内容,19-22,30;epistemological,认识论的,19-22;expressive,表达的,19-22,57-61,81;sentential,语句的,41;and reasons,与理由,52-53;transcendental,超越的,160 也参见 conditionals,条件句;formalism,形式主义;negation,否定
logical articulation,逻辑的阐明,52
logical connectives,逻辑连接词,67-68,72
logical expressivism,逻辑表达主义,45-77
logical language,逻辑语言,217 n21
logical sentential operators,逻辑语句算子,146-149
logical vocabulary,逻辑语汇,19-22,30,34-35,37,53,55,60-61,68-70,81,85-87,91,146-149,151-154

M

material inference(s),实质推论,52-55,72-76,85-87,90 也参见 incompatibility,不相容性;inference(s),推论;monotonic reasoning,单调推理
material involvement,实质包含,133-136
meaning,意义,23-24,31,69,75,167,185-187 也参见 concepts,概念;inferentialism,推论主义;semantics,语义学
memory,记忆,100
mentalistic theories,精神的理论,5
Millikan,Ruth,米丽肯,3
mind,心灵,23-24; as intentionality locus,作为意向性处所,5-7; as mirror/lamp,作为镜子/灯,8
mindedness,心灵,157
monotonic reasoning,单调推理,87-89 也参见 inference(s),推论;material inference(s),实质推论

N

naturalism,自然主义,26-27,31,110-112,115,117

naturalistic blindspot,自然主义的盲点,39,117,121-122
natural sciences,自然科学,26-27,33
nature,自然,26,33,35,46
natures,本性,26-27
negation,否定,44,146-148,152 也参见 incompatibility,不相容性;logic,逻辑
nonconceptual content,非概念的内容,2-3,10-11
noninferential reports,非推论的报告,47-49,65
nonmonotonic reasoning,非单调推理,88-90
normative assessment,规范的评估,187-189,197
normative character of concept use,概念使用的规范特征,163-164
normative functionalism,规范功能主义,95
normative pragmatics,规范语用学,81
normative status,规范身份,168-169,188-190,192,194-195,203,221 n7
normative structure of rationality,合理性的规范结构,185-204
normative vocabulary,规范语汇,23,31,33,38,44,79,83-84,89-92,95-96,186,198 也参见 evaluative vocabulary,评价语汇
norms,规范,29,33-34,37-38,43-44,79-96;instrumental,工具的,31;conceptual,概念的,81;semantic/pragmatic,语义的/语用的,196-197 也参见 action,行动;practical reasoning,实践推理;pragmatics,语用学
nouns, common,名词,通名,63
novel sentences,新语句,projecting use of,……的投影使用,124-129,152

O

objectivity,客观性,32,44,111-113,116,173,189-190,196-204
objects,对象,27-28,40,42,49,159,161;particular,特殊的,123,155,212n1;and singular terms,与单称词,123-124,154-155;and SMSICs,与简单的实质替换-推论的承诺,140

P

particular objects,特殊对象,123,155,212 n1
patterns of inference,推论的类型,90-92 也参见 inference(s),推论;normative vocabulary,规范的语汇
perception,知觉,79,83,94,100 也参见 action,行动;reliabilism,可靠主义
perceptual beliefs,知觉信念,108-109,121
perceptual experience,知觉经验,23-25
perceptual knowledge,知觉知识,113-115
permissive inferences,许可的推论,194 也参见 entitlement,资格;inference(s),推论

philosophy,哲学,77,89

platitudinous empiricism,老生常谈的经验主义,23

Plato,柏拉图,97

platonism,柏拉图主义,4,7,9-10,12-13

possible worlds semantics,可能世界语义学,34

poststructuralism,后结构主义,9

practical commitments,实践承诺,93-96 也参见 action,行动;norms,规范

practical consequences,实践后果,66

practical reasoning,实践推理,30-31,37-38,59,79-96,161;patterns of,……的类型,84-87;material properties,实质性质 87-89 也参见 action,行动;normative vocabulary,规范语汇

pragmatics,语用学,2,76-77,81,125-126,129 也参见 force,效力;norms,规范

pragmatism,实用主义,3-4,6,8-14,17-18,23,26,34-35,40,42-43,66,185,195-196;conceptual,概念的,4;semantic,语义的,4;inferentialist,推论主义的,11-12,18,40;rationalist,理性主义的,11-12,17-18,23;linguistic,语言的,14

predicates,谓词,13,21,40-41,63,65,132,134-136,152-154,160,213 nn11-12,214 n13,216 n19 也参见 singular terms,单称词

preference,偏好,31

prelogical language,前逻辑的语言,217 n21

premises,前提,13,40,88-89,92,165-166,180

Prior,Arthur N.,普赖尔,68

prior intentions,在先的意向,94-95

pro-attitudes,支持性态度,82,84,90

projection,投影,124-129

propositional attitudes,命题态度,169-170,174-178,183

propositional contents,命题内容,20,36-37,40,55,63,66,158,161-166,169,173,175,183,186-190,203,221 n7 也参见 assertion(s),断定

propositionalism,命题主义,12-14,17-18,20,22,29-30,35

propositionally contentful attitudes,具有命题内容的态度,17

Q

quantificational claims,量化断言,214 n13

Quine,W.V.O.,蒯因,6,11,23,124,167,172,185

R

rationalism,理性主义,15,22,25-26,28-31,34-35,43,45-47 也参见 linguistic rationalism,语言理性主义

rationalist expressivism,理性主义的表达主义,9,14,16-19,23,35

rationalist pragmatism,理性主义的实用主义,11-12,17-18,23

rationality,合理性,80-81,161;elucidative,阐释的,56-57,77;normative structure of,……的规范结构 185-204 也参见 inference(s),推论;inferentialism,推论主义

rational practices,理性的实践,195

rational will,理性的意志,93-96

raw materials, conceptual,原材料,概念的,186-187,197

reasoning,推理,1,11,28,34,36,42,44,47,72,99;practical,实践的,30-31,37-38,59,79-96,161;monotonic,单调的,87-89;nonmonotonic,非单调的,88-90;to representing,表象,157-184 也参见 inference(s),推论

reasons,理由,11,22,25,35,38,43,47-48,52-53,80-84,96,159,161-162,165-166,183,211 n6;complete/incomplete,完全的/不完全的,90;and reliabilism,与可靠主义,99-103,106,109-112;and sapience,与智识,157-158;giving/asking for,给予和索取,189-196 也参见 inference(s),推论

reference classes,参照系,113,115-117,121

references,指称,163,167

referential relations,指称关系,28,39-40,49-50,52

relational linguistics,关系语言学,17

relations:关系:inferential,推论的,28,39-40,46,50;referential,指称的,39-40,49-50,52

reliabilism,可靠主义,64,200;founding insight,基本洞识,and super blindsight,和超级盲视,106;epistemology/semantics,认识论/语义学;and naturalism,与自然主义,110-112;goldman's insight,戈德曼洞见,112-117;implicit insight,隐含的洞见,117-122

reliability inferences,可靠性推论,21-22,120

replacement,替代,132,134,137

representation/representationalism,表象/表象主义,7-10,14,24-25,28-29,31,34-35,42,44,46,49,52,158-159,205 n3;conceptual,概念的,7;and inferentialism,与推论主义,45-47;reasoning to,推理,157-184;and communication,与交流,165-169,183 也参见 aboutness,关涉;de re ascriptions,从物归派;inference(s),推论;inferentialism,推论主义;intentionality,意向性

representational contents,表象内容,158-159,166,173,182-183

representational vocabulary,表象语汇,23,42,166,169-170,173

responsibility,责任,11,13,80,165,177,180,193;cognitive,认知的,105-106

romanticism,浪漫主义,8,11,15-16,23,26,34

Rorty, Richard,罗蒂,23,32

Royce, Josiah, 罗伊斯, 140
rules, 规则, 80, 94, 163, 187-188, 191, 197
Russell, Bertrand, 罗素, 7, 23

S

sapience, 智识, 2, 6, 16, 20, 22, 35, 81, 157-158 也参见 assertion(s), 断定; linguistic practice, 语言实践
Saussure, Horace-Bénédict de, 索绪尔, 9
scare quotes, 提示性引号, 209 n4
self-consciousness, 自我意识, 20-22, 35, 41, 149
Sellars, Wilfrid, 塞拉斯, 5-6, 25-26, 30, 32, 45, 47-50, 52-54, 56-57, 60-62, 65, 76, 85, 94, 187, 189, 195, 220 n4
semantic assertibilism, 语义可断定主义, 185-189
semantic atomism, 语义原子主义, 15, 29, 31
semantic explanation, bottom-up/top-down, 语义解释, 自下而上/自上而下, 12-15
semantic harmony, 语义协调一致, 75
semantic holism, 语义整体论, 15, 29
semantic inferentialism, 语义推论主义, 15, 45-77
semantic instrumentalism, 语义工具主义, 67
semantic platonism, 语义柏拉图主义, 4
semantic pragmatism, 语义实用主义, 4
semantic rationalism, 语义理性主义, 15
semantics, 语义学, 2, 9, 12, 15, 21, 44, 76-77, 125-126, 130, 159; possible worlds, 可能世界 34; substitution-inferential significances, 替换-推论的意味, 133-136, 144-145 也参见 inference(s), 推论; inferentialism, 推论主义; truth conditions, 成真条件
semantic self-consciousness, 语义的自我意识, 35, 41
sentence frames, 语句框架, 132, 146, 151
sentences, 语句, 4-5, 14, 22, 40-41, 50, 61, 66-67, 150-154, 185, 195-198; declarative, 陈述的, 4, 14, 22, 40, 160, 186-188, 195; circumstances/consequences for, ……的情境和后果, 63-66; novel, 新颖的, projecting use of, ……的投影使用 124-129, 152; syntax of, ……的句法, 129-132, 150-152; semantics of, ……的语义学, 133-136; logical operators in, ……中的逻辑算子, 146-149; asserted, 被断定的, 189-196 也参见 assertion(s), 断定
sentential connectives, 语句连接词, 62-63
sentential logic, 语句逻辑, 41
sentential operators, 语句算子, 146-149
sentience, 感受, 2, 81, 157

simple material substitution-inferential commitments (SMSICs), 简单的实质替换-推论的承诺, 136-141,142,146,148-149

singular terms, 单称词, 13,21,32,40-41,63,160,179,212 n1,213 n12,214 n13,216 n19; and objects, 与对象, 123-124; projecting use of novel sentences, 新颖语句的投影使用, 124-129; substitution-structural roles (syntax), 替换-结构的作用(句法), 129-132; substitution-inferential significances (semantics), 替换-推论意味(语义学), 133-136; SMSICs, 简单的实质替换-推论的承诺, 136-141; alternative subsentential analyses, 可供选择的次语句分析, 141-143; argument, 变元, 143-146; importance of logical sentential operators, 逻辑语句算子的重要性, 146-149; conclusions about, 关于……的结论, 149-155 也参见 predicates, 谓词

SMSICs. 参见 Simple material substitution-inferential commitments, 简单的实质替换-推论的承诺

social articulation, 社会阐明, 158-159,163

social attitudes, 社会态度, 221 n7

social context, 社会语境, 166-169,178,183

social interactions 社会交互作用, 26

social practices, 社会实践, 34,163,166

social status, 社会身份, 189,203

Socrates, 苏格拉底, 76-77

socratic method, 苏格拉底的方法, 56-57,71-75

sortals, 种类词 215 n16

speakers, 言说者, 126-127,186

speech acts, 言语行为, 12,129-130,161-162,165-166,186,190,193,195,197 也参见 assertion(s), 断定

Spinoza, Baruch, 斯宾诺莎, 45-46

strategic context, 策略背景, 1-22

Strawson, Peter F., 214 n13; 斯特劳森, *Subject and Predicate in Logic and Grammar*, 《逻辑和语法中的主词和谓词》, 134

strong inferentialism, 强推论主义, 28-29,206 n10,219 n4

structuralism, 结构主义, 9

subjectivity, 主观性, 111-113

subsentential analyses, alternative, 次语句分析, 可供选择的, 141-143

subsentential expressions, 次语句表达式, 12-13,21,40-41,124-129

substitution, 替换, 40,128-130,132,149-153,171-173

substitutional commitments, 替换承诺, 178-182

substitutional frames, 替换框架, 141-142,151,214 n13

substitutional goodness, 替换的适宜, 215 n14

substitution inferences,替换推论,133-141,149-154
substitution-inferential commitments,替换-推论的承诺,136-141,178
substitution-inferential significances,替换-推论的意味,133-136,140-141
substitution-structural roles,替换-结构的作用,129-132,140-141
success,成功,82
super blindsight,超级盲视,102-106
supernaturalism,超自然主义,117,121
symmetric substitution inferences,对称的替换推论,135-137,141-142,145,149-154
syntax,句法,129-132,137,145,150-152

T

Tarski, Alfred,塔斯基,7,13,59
testimony,证言,100
thinking/thinking about,思/思及,157-159,161
thoughts,思想,12,161
top-down semantic explanation,自上而下的语义解释,12-15
transcendental logic,先验逻辑,160
true beliefs,真信念,39,97-101,106-108,111-112,114,118-119,168 也参见 assertion(s),断定
truth,真,11,19,47,51-53,59,65,120,158,161,168-169,174,180-183,187,202-203,211 n4
truth conditions,成真条件,12,74,169,177,188,198,201-202,211 n4 也参见 inferentialism,推论主义;semantics,语义学

U

understanding,理解,157-158,163-165,168-169,189,191 也参见 inferentialism,推论主义
undertaking,接受,168-169,173-175,177-179,181,192
uses of linguistic expressions,语言表达式的使用,185-187,213 n7

V

verificationism,证实主义,64
vocabulary：语汇：logical,逻辑的,19-22,30,34-35,37,53,55,60-61,68-70,81,85-87,91,146-149,151-154; normative,规范的,23,31,33,38,44,79,83-84,89-92,95-96,186,198; representational,表象的,23,42,166,169-170,173; evaluative,评价的,89; subsentential,次语句的,139,145,149

W

warrants,保证,111

weak inferentialism,弱推论主义,28,206 n10,219 n4

Wilde,Oscar,王尔德,70

will,意志,38,79,93 - 96

Wittgenstein, Ludwig,维特根斯坦,3,6,11,13 - 14,23,67,73,80,159;
   Philosophical Investigations,《哲学研究》

译后记

翻译布兰顿的《阐明理由》是一段难忘的经历。动笔之前,犹豫了很久。其间,一些朋友,甚至一些国外的学界朋友,曾劝我不要吃力不讨好。我知道他们未道明的理由,一是布兰顿的书不好"啃",翻译要花费巨大的精力;二是有这样的时间,不如自己写书。但经过再三考虑之后,我还是决定做这件"蠢事"。研究布兰顿哲学的意义,我在别处已经说过,这里不再赘述。而要研究,便不能不做翻译的工作。

《阐明理由》是布兰顿的巨著《使之清晰》的导读本。布兰顿的原意是想为读者提供一个较为简洁、通俗的进入他的哲学的通道。但我不得不说,布兰顿并不善于将自己的思想通俗化。《阐明理由》在篇幅上比《使之清晰》确实简短了许多,然而理解它的难度却未见得更小。布兰顿的语言风格、表达方式十分艰涩,一些用词极为独特,再加上一些技术化的处理、论证等,所有这些都对译者构成了挑战。虽然此前我曾经给博士生班上过两轮《阐明理由》,但真要逐字逐句地将其变为汉字,仍时时感到艰难、吃力。

眼前的这个译本,曾经多次修改。感谢北京大学博士、现任教于黑龙江大学哲学系的周红宇君,他校读了第四章,也是本书最困难的一章——"什么是单称词,以及为什么存在单称词?"。同时,也感谢在各个时期选修过我的课程、参与过翻译讨论的我的博士生们,原谅我无法一一提及他们的名字。复旦大学出版社的陈军老师是本书的责任编辑,他那认真细致的工作态度,也是我十分感佩并要深深感谢的。

实用主义与美国思想文化研究

丛书主编：刘放桐　陈亚军

《杜威哲学的现代意义》

　　　　　　　　刘放桐　主编，复旦大学出版社，2017年1月

《匹兹堡问学录——围绕〈使之清晰〉与布兰顿的对谈》

　　　　　　　　陈亚军　访谈　周　靖　整理，复旦大学出版社，2017年1月

《实用主义的研究历程》

　　　　　　　　刘放桐　著，复旦大学出版社，2018年3月

《匹兹堡学派研究——塞拉斯、麦克道威尔、布兰顿》

　　　　　　　　孙　宁　著，复旦大学出版社，2018年8月

《真理论层面下的杜威实用主义》

　　　　　　　　马　荣　著，复旦大学出版社，2018年8月

《"世界"的失落与重拾——一个分析实用主义的探讨》

　　　　　　　　周　靖　著，复旦大学出版社，2019年7月

《后现代政治话语——新实用主义与后马克思主义》

　　　　　　　　董山民　著，复旦大学出版社，2019年8月

《罗伊斯的绝对实用主义》

　　　　　　　　杨兴凤　著，复旦大学出版社，2019年9月

……

实用主义与美国思想文化译丛
丛书主编：陈亚军

《三重绳索：心灵、身体与世界》
　　　　希拉里·普特南　著，孙　宁　译，复旦大学出版社，2017年1月
《经验主义与心灵哲学》
　　　　威尔弗里德·塞拉斯　著，王　玮　译，复旦大学出版社，2017年1月
《将世界纳入视野：论康德、黑格尔和塞拉斯》
　　　　约翰·麦克道威尔　著，孙　宁　译，复旦大学出版社，2018年8月
《自然主义与存在论：1974年约翰·杜威讲座》
　　　　威尔弗里德·塞拉斯　著，王　玮　译，复旦大学出版社，2019年9月
《阐明理由：推论主义导论》
　　　　罗伯特·B.布兰顿　著，陈亚军　译，复旦大学出版社，2020年1月
《推理及万物逻辑：皮尔士1898年剑桥讲坛系列演讲》
　　查尔斯·桑德斯·皮尔士　著，张留华　译，复旦大学出版社，2020年2月
　……

复旦大学出版社
天猫旗舰店

复旦社
陪你阅读这个世界

图书在版编目(CIP)数据

阐明理由：推论主义导论/〔美〕罗伯特·B. 布兰顿（Robert B. Brandom） 著；陈亚军 译. —上海：复旦大学出版社, 2020.2
（实用主义与美国思想文化译丛/陈亚军主编）
书名原文：Articulating Reasons: An Introduction to Inferentialism
ISBN 978-7-309-14328-7

Ⅰ.①阐… Ⅱ.①布… ②陈… Ⅲ.①分析哲学—研究 Ⅳ.①B089

中国版本图书馆 CIP 数据核字(2019)第 261106 号

Articulating Reasons: An Introduction to Inferentialism
by Robert B. Brandom
Copyright © 2000 by the President and Fellows of Harvard College
Harvard University Press
79 Garden Street, Cambridge, MA 02138, USA & Vernon House, 23 Sicilian Avenue, London WC1A 2QS, UK
Original edition published by Harvard University Press, All Rights Reserved.
本书原版由哈佛大学出版社出版。版权所有，盗印必究。
Simplified Chinese translation copyright © 2020 by Fudan University Press Co., Ltd.
Published by arrangement with Harvard University Press through Bardon-Chinese Media Agency（博達著作權代理有限公司）
ALL RIGHTS RESERVED
上海市版权局著作权合同登记 图字：09-2016-348 号

阐明理由：推论主义导论
〔美〕罗伯特·B. 布兰顿（Robert B. Brandom） 著；陈亚军 译
责任编辑/陈 军

复旦大学出版社有限公司发行
上海市国权路 579 号　邮编：200433
网址：fupnet@fudanpress.com　http://www.fudanpress.com
门市零售：86-21-65642857　　团体订购：86-21-65118853
外埠邮购：86-21-65109143
常熟市华顺印刷有限公司

开本 787×960　1/16　印张 13.5　字数 166 千
2020 年 2 月第 1 版第 1 次印刷
印数 1—3 100

ISBN 978-7-309-14328-7/B·698
定价：45.00 元

如有印装质量问题，请向复旦大学出版社有限公司发行部调换。
版权所有　　侵权必究